PADRAIG O´MORAIN

ATENÇÃO PLENA
MINDFULNESS

O plano que libertou milhões
de pessoas do stress
e da ansiedade do dia a dia

RECOMENDADO PELO SERVIÇO NACIONAL DE SAÚDE BRITÂNICO

Para Phil, Hannah e Lil

2015, Editora Fundamento Educacional Ltda.
Reimpresso em 2019.

Editor e edição de texto: Editora Fundamento
Editoração eletrônica: TGK Comunic Ltda. (Marcio Luis Coraiola)
   Bella Ventura Eventos Ltda. (Lorena do Rocio Mariotto)
CTP e impressão: SVP – Gráfica Pallotti
Tradução: Capelo Traduções e Versões Ltda. (Neuza Maria Simões Capelo)
Arte da capa: Zuleika Iamashita

Copyright © 2014 Padraig O'Morain
Os direitos de Padraig O'Morain de ser identificado como autor desta obra foram assegurados.

Todos os direitos reservados. Nenhuma parte deste livro pode ser arquivada, reproduzida ou transmitida em qualquer forma ou por qualquer meio, seja eletrônico ou mecânico, incluindo fotocópia e gravação de backup, sem permissão escrita do proprietário dos direitos.

Dados Internacionais de Catalogação na Publicação (CIP)
(Maria Isabel Schiavon Kinasz)

O54	O'Morain, Padraig
	   Atenção Plena - Mindfulness / Padraig O'Morain ; [versão brasileira da editora] – 1.ed. – São Paulo, SP : Editora Fundamento Educacional Ltda., 2015.
	
	   Título original: Mindfulness on the go
	
	   1. 1. Meditação. 2. Atenção plena. I Título.
	
	                              CDD - 158.128 (22. ed.)
	                              CDU - 159.942

Índices para catálogo sistemático:
1. Meditação
2. Atenção plena

Fundação Biblioteca Nacional

Depósito legal na Biblioteca Nacional, conforme Decreto nº 1.825, de dezembro de 1907.
Todos os direitos reservados no Brasil por Editora Fundamento Educacional Ltda.

Impresso no Brasil

Telefone: (41) 3015 9700
E-mail: info@editorafundamento.com.br
Site: www.editorafundamento.com.br

Esse livro foi impresso em papel Lux Cream 70 g/m² e a capa em papel-cartão 250 g/m².

ATENÇÃO PLENA
MINDFULNESS

Editora **FUNDAMENTO**

Como aproveitar ao máximo este livro

O objetivo deste livro é fazer o leitor entender o que é mindfulness e oferecer sugestões para facilitar sua prática no dia a dia. Para isso, o autor baseia-se em 25 anos de prática e ensino, sem abrir mão de sua movimentada vida familiar e profissional.

Você é quem decide se lê o livro de ponta a ponta ou escolhe trechos ao acaso. De qualquer modo, é importante começar pela leitura do primeiro capítulo, no qual vai obter um bom conhecimento do assunto e descobrir-se praticando, sem esforço algum, a plena consciência.

Sob o título "Em Atividade", encontram-se vários exercícios de mindfulness. É fácil localizá-los pelo título. Cada exercício oferece uma prática simples, desenvolvida para ajudar você a ser mais consciente durante o dia, com a possibilidade de ir mais fundo e estender a prática.

Na parte final do livro, há duas seções organizadas para tornar mindfulness parte da sua vida diária. Ao inspirar novas ideias, o calendário da página 125 ajuda você a lembrar-se de praticar todo dia. Escolha a data e dê uma olhada na sugestão correspondente. A última seção, "Dez Estratégias para um Dia de Mindfulness", inclui sugestões para que você encontre um tempinho para pôr em prática técnicas rápidas e eficazes de mindfulness.

Ao fim, o capítulo "Recursos" sugere websites, livros e aplicativos onde se encontram ideias e orientações sobre mindfulness – a consciência plena.

Depois de ler o primeiro capítulo, avance na leitura, voltando às seções que considerar mais úteis. Cabe a você fazer deste livro uma ferramenta eficiente. Ele traz tudo de que você precisa para praticar mindfulness. Comece, portanto, e lembre-se que a prática é a chave do desenvolvimento dessa valiosa habilidade.

SUMÁRIO

COMO APROVEITAR AO MÁXIMO ESTE LIVRO		5
CAPÍTULO 1	A consciência plena – Por que praticar?	9
CAPÍTULO 2	A ciência de mindfulness – A consciência plena	20
CAPÍTULO 3	Por que a respiração é o melhor professor de mindfulness?	26
CAPÍTULO 4	Corpo consciente	38
CAPÍTULO 5	Em atividade – consciência plena em viagens	48
CAPÍTULO 6	Mindfulness e alimentação	62
CAPÍTULO 7	Mindfulness em casa	73
CAPÍTULO 8	Mindfulness para adolescentes	85
CAPÍTULO 9	Mindfulness – Consciência plena nos relacionamentos	97
CAPÍTULO 10	Mindfulness no trabalho	108
CAPÍTULO 11	Mindfulness e desgaste emocional	115
CAPÍTULO 12	Um mês de mindfulness	125
CAPÍTULO 13	Dez estratégias para a prática diária de mindfulness	132
RECURSOS	Para saber mais	149
AGRADECIMENTOS		151

Capítulo 1

MINDFULNESS – A CONSCIÊNCIA PLENA – POR QUE PRATICAR?

Há apenas dois anos pouca gente tinha ouvido falar em mindfulness. Hoje, no entanto, a palavra parece surgir em todas as conversas. Grandes empresas, organizações esportivas, hospitais e indivíduos – de figurões a pessoas comuns – ensinam ou praticam mindfulness.

O que impede que o número de praticantes seja ainda maior é a ideia de que mindfulness toma muito tempo. Muita gente pensa em aderir, mas sabe que não vai conseguir ficar todo dia sentada, observando a própria respiração, durante vinte minutos. Talvez até você tenha tentado e desistido, por causa da correria da vida moderna.

A boa notícia é que mindfulness tanto é prática quanto atitude. E, melhor ainda, existem exercícios curtos para desenvolver a consciência plena e aproveitar seus benefícios.

Mesmo em meio à atividade frenética do mundo em que vivemos, a prática de mindfulness pode despertar um senso de espaço e perspectiva que nos permite ver claramente o que precisa ser feito na vida pessoal, familiar e profissional.

Portanto, se você dispõe de pouco tempo, mas tem vontade de tentar, este livro é seu. Alguns, porém, apontam razões para não praticar mindfulness. Vamos a elas.

NÃO POSSO PRATICAR MINDFULNESS PORQUE...

... a consciência plena exige tempo. A consciência do que acontece agora, aliada a uma atitude de aceitação, não interfere nas suas atividades. Ao contrário, provoca uma bem-vinda e preciosa sensação de calma e autodomínio. Por exemplo: observe o espaço onde você está neste exato momento. Consegue, ao mesmo tempo, dar um pouco de atenção ao ato de inspirar e expirar? Deixe a mente quieta por alguns momentos. Esse é um exercício de mindfulness que demora poucos segundos. No entanto, pode ajudar você a erguer a cabeça sobre a movimentação do dia a dia.

... tenho tantas atividades, que não consigo parar e meditar.

Conforme o título sugere, este livro ensina a prática de mindfulness "em atividade". Nenhum dos exercícios aqui sugeridos é demorado nem exige longos períodos de meditação. Inspirar enquanto conta até 7 e expirar enquanto conta até 11 (a prática "7/11", na página 27), por exemplo, tem efeito calmante e não leva mais de meio minuto. Experimente e comprove.

... tenho filhos pequenos. Onde vou encontrar um local sossegado?

Tudo bem. Este livro vai ensinar você a praticar mindfulness e brigar com os filhos ao mesmo tempo. E, se aprender a observar as bobagens que as crianças fazem, sem encher a cabeça com críticas em relação a elas e a você, talvez brigue um pouco menos. Por exemplo: descubra agora qual é a parte do seu corpo que, ao ser tocada, faz você sentir calma e segurança? Talvez seja a ponta do nariz ou algum lugarzinho entre o queixo e a barriga. Na próxima vez em que as crianças enlouquecerem você (ou você enlouquecer as crianças), tente tomar consciência desse ponto calmante.

... não consigo fazer a posição de lótus e não gosto dessa história de budismo.

Mindfulness nada tem a ver com a posição de lótus. Os budistas que praticam mindfulness às vezes meditam naquela posição, mas não vou sugerir nada semelhante. Na próxima vez em que se sentar em uma cadeira, sinta o contato das suas costas com o encosto da cadeira e o contato dos seus pés com a parte interna dos sapatos. Existem exercícios que favorecem a consciência plena e não exigem posição de lótus.

... não tenho tempo para livros enormes sobre mindfulness. Por isso este é um livro pequeno. Foi organizado de modo que o leitor possa, a qualquer momento, encontrar uma ideia ou sugestão que se encaixe em sua vida agitada. Por exemplo: o que você ouve agora na vizinhança? Sente-se capaz de escutar por uns 20 segundos, sem tentar identificar ou interpretar os sons? Se uma história ou interpretação lhe vier à mente, dirija a atenção outra vez para os sons. Esse é um exemplo de exercício de mindfulness que pode ser conduzido em curtíssimo período. No entanto, tal como todas as práticas deste livro, se você quiser estender-se ou reservar algum tempo no fim de semana para meditar, ótimo.

Uma vez que derrubamos os potenciais obstáculos e concluímos que mindfulness pode ser para você, vamos esclarecer de que se trata e conhecer seus benefícios.

AFINAL, O QUE É MINDFULNESS, E POR QUE EU IRIA QUERER PRATICAR?

Pense na prática como uma volta. É simples e difícil ao mesmo tempo. Mindfulness resume-se a trazer repetidamente a atenção para o que acontece no momento, mas de um modo especial: sem brigar com a realidade (veja a seguir "Mindfulness é aceitação"). Ao deixar de lado o descontentamento, você aprende a apreciar o que deve ser apreciado e melhora a habilidade de perceber o que precisa ser mudado. Os benefícios são vários, como veremos.

Mindfulness é aceitação. Na minha opinião, esse é o ponto-chave. A maioria das pessoas tem dificuldade em compreender o conceito de aceitação. Um de seus significados é não desperdiçar energia reclamando, quando nada há a fazer: está chovendo, você não gosta do atual emprego ou o seu companheiro – ou companheira – é irritante. Reclamações não fazem a chuva parar, o seu emprego ficar interessante nem a outra pessoa abandonar as atitudes desagradáveis.

Passamos muito tempo em uma espécie de transe, envolvidos em lembranças, fantasias e outros pensamentos, o que quase sempre nos atrapalha. Saia do transe e caia na realidade. Se praticar mindfulness – abandonar as velhas histórias que a sua mente insiste em contar e aprender a aceitar as coisas como são, entre outras coisas – ainda que presencie fatos desagradáveis, é menos provável que se aborreça pelo que não pode mudar, evitando assim o estresse e poupando energia. O espaço mental criado e a energia extra melhoram a sua habilidade de identificar o que *pode* ser controlado.

Experimente agora. Já se lamentou hoje por alguma coisa que não pode mudar? Deixe de lado as lamentações. Concentre-se nos seus atos, respiração ou postura, trocando o mundo imaginário pela vida real. A propósito: isso é mindfulness.

Mindfulness reduz o estresse e a ansiedade. Qual é a diferença entre estresse e ansiedade? O estresse pode ter curtíssima duração. Digamos que você foi ver o seu time jogar, e no período dos acréscimos o jogo continua empatado. Isso é estresse – de certo modo agradável, ainda que não pareça no momento. O jogo termina. Perdendo ou ganhando em um milagre de última hora, o seu time sobreviveu. Então, o estresse acaba.

A ansiedade é diferente, pois ela atormenta antes do começo do jogo – seja de futebol, um evento social ou uma situação de trabalho – continua, ainda que esgotado o tempo regulamentar, e transfere-se para o jogo seguinte. Dificilmente um torcedor, mesmo o mais fanático, perde uma noite de sono por causa de três minutos de prorrogação. Mas fica acordado, preso à ansiedade, por causa de preocupações com o trabalho, a vida pessoal ou a saúde.

Os benefícios da prática de mindfulness aparecem mais claramente em relação ao estresse. Suponha que você tenha cinco tarefas a cumprir e tempo disponível para apenas três. Infelizmente é mais ou menos assim que vivemos hoje. Quando você toma consciência da sua respiração ou postura enquanto trabalha, por exemplo, pode começar a sentir-se diferente, embora as exigências continuem as mesmas. A consciência plena traz uma sensação de amplitude, contrária à impressão de tumulto e sobrecarga que tantos compartilham atualmente. Lembre-se: estressar-se por situações negativas não altera os fatos. A prática de mindfulness, porém, ajuda a evitar um aumento do estresse desnecessário, o que acarreta benefícios para a saúde física e emocional.

Uma abordagem consciente seria aceitar que a ansiedade atinge todo mundo, às vezes dia e noite. Viva essa ansiedade inevitável, mas evite piorar a situação criando histórias a respeito dela. Essas histórias, às vezes chamadas pitorescamente de "catastrofismo", podem intensificar a ansiedade além do razoável.

Ao fazer da prática de mindfulness parte integrante do dia, é provável que você veja o seu nível de ansiedade significativamente reduzido. A consciência plena tende a acalmar — pode-se mesmo dizer "esfriar" — a parte do cérebro que frequentemente exagera a gravidade das situações, ao disparar a resposta "lutar ou fugir" (veja a página 23).

Mindfulness significa uma melhor abordagem à administração da raiva e do ressentimento. Essas emoções perturbam nossa paz de espírito de tempos em tempos, e embora a consciência plena não garanta que desapareçam completamente (isso seria impossível, em um mundo no qual as pessoas irritam umas às outras), o indivíduo que pratica mindfulness evita exagerar as emoções negativas. Isso é muito importante, especialmente em relação à raiva.

Eis um exemplo de mindfulness: quando sentir raiva, direcione a atenção, dos seus pensamentos para os efeitos sobre o corpo. Pensamentos raivosos amplificam os sentimentos, mas a sensação física da raiva desaparece, como ocorre com todas as sensações. Assim, se você praticar o redirecionamento da atenção, dos pensamentos para a sensação física, ela desaparece, bem como o sentimento, trazendo de volta a paz de espírito.

Mindfulness melhora a criatividade. Mindfulness resume-se a acalmar o estresse e as emoções? De modo algum. A prática também pode realmente liberar a criatividade, e os praticantes percebem sua intuição mais aguçada. Com a mente aberta, ideias e soluções parecem surgir mais facilmente.

Não existe aí nada de mágico ou místico. Na verdade, a mente costuma apresentar respostas, mas a cabeça confusa não consegue ouvir. Imagine um grupo de adultos discutindo em altos brados determinado assunto. Uma criança também presente sabe a resposta. Ela grita, mas não é ouvida. Se você praticar mindfulness, os "adultos" na sua cabeça vão se acalmar, e a criança vai se fazer ouvir. Esse é um dos meios de encontrar boas soluções. (Vamos voltar a essa ideia no capítulo 10, "Mindfulness no Trabalho", que trata de planejamento consciente.)

Além disso, quem pratica a consciência plena fica menos propenso a seguir antigos padrões de pensamento sem questionar. Isso é muito importante na vida profissional, familiar e em todas as áreas da vida. Alguns hábitos aprendidos – andar de bicicleta, por exemplo – são realmente úteis, mas outros destroem a criatividade. Com a leitura deste livro, você vai descobrir que a prática de mindfulness leva ao desejo de abandonar antigos padrões, como o de sempre vender componentes vermelhos aos alemães ou não negociar dispositivos azuis com franceses, e descobrir meios de obter melhores resultados, por exemplo: "Por que não produzimos dispositivos em vários tamanhos e cores?"

Mindfulness no esporte. Homens e mulheres que praticam esporte valorizam a consciência plena. O foco no aqui e agora não representa apenas um aspecto fundamental da prática de mindfulness, mas um fator fundamental para o sucesso no esporte. O golfista que, a cada jogada ruim, passa cinco minutos reclamando não vai longe, bem como o jogador que se elogia o tempo todo, imaginando uma possível vitória. O jogo se passa no momento presente.

Mindfulness melhora a vida doméstica. Muita gente considera a própria casa o lugar mais movimentado do mundo. Voltar do trabalho para as exigências de filhos, parceiros e quem mais possa estar sentado no sofá pode ser muito estressante, em especial se não houver tempo nem para tirar os sapatos e descansar um pouco. A consciência plena pode ajudar você a deixar de lado velhos padrões. Como veremos nos capítulos 7 e 9, tanto no ambiente doméstico como nos relacionamentos, com frequência simplesmente recorremos a padrões estabelecidos e a antigos hábitos que não nos servem mais. A prática de mindfulness nos permite perceber isso e agir a respeito.

Mindfulness reduz o risco de episódios de depressão. A depressão é uma experiência cada vez mais comum. Ainda que você tenha a sorte de nunca ter passado por isso, provavelmente conhece alguém que sofra desse mal. Pesquisas demonstram que a consciência plena pode ser de grande valia para afastar a possibilidade de recaída em quem já enfrentou episódios de depressão. Você vai encontrar mais informações sobre esse assunto na página 118.

Durante a leitura do livro, enquanto a consciência plena começar a fazer parte da sua vida, vai ser bom se você se lembrar dos benefícios mencionados anteriormente. E não há necessidade de pressa: mindfulness é uma prática delicada. Embora a maioria das pessoas comece a perceber mudanças positivas logo no início, não esqueça que você vai experimentar um modo inteiramente novo de se relacionar com o mundo. Portanto, dê tempo ao tempo para sentir o completo efeito.

> **EM RESUMO:** Mindfulness é a prática de manter a atenção no que se passa no momento – ainda que a situação seja desagradável – em vez de usar tempo e energia para lutar contra a realidade. Essa consciência plena não altera os fatos, mas muda a sua relação com eles. Com isso, tudo muda.

EM ATIVIDADE

MOVIMENTO CONSCIENTE

PRÁTICA: repare nos movimentos da caminhada ou de atividades manuais – cozinhar, por exemplo.

COMENTÁRIO: o senso cinestésico (ou percepção cinestésica) geralmente só se manifesta quando estamos cansados ou praticando atividades como correr, pedalar ou dançar. No entanto, a consciência do movimento é prática muito antiga que pode ser utilizada em qualquer circunstância – na mesa de trabalho, no carro, na bicicleta, nas tarefas domésticas e assim por diante. Trata-se de um ótimo recurso de conscientização sem interromper as atividades do dia a dia.

SE QUISER IR MAIS FUNDO: como exercício de conscientização, movimente-se deliberadamente mais devagar por alguns momentos, onde quer que você esteja. Em outras palavras, não se apresse. Preste atenção em cada movimento.

EM ATIVIDADE

CAMINHE CONSCIENTEMENTE

PRÁTICA: caminhe por algum tempo prestando atenção nos movimentos do seu corpo. Repare no ar que passa entre os dedos e no contato dos pés com o solo. Quando a atenção se desviar, concentre-se novamente.

COMENTÁRIO: essa é uma das mais antigas práticas de mindfulness. Em momentos de agitação, uma caminhada consciente pode ser bem útil e calmante. Mas você não precisa da agitação para aproveitar os benefícios da prática. Use-a no ambiente profissional, quando se deslocar de um lugar para outro, por exemplo. Ou suba e desça as escadas atentamente, quando estiver em casa, para adquirir presença de espírito no caso de perturbações emocionais domésticas.

SE QUISER IR MAIS FUNDO: experimente andar devagar, indo e voltando em linha reta ou em círculo. Tome consciência dos seus passos, a cada vez em que levantar e abaixar os pés. Coordene caminhada e respiração.

> **EM ATIVIDADE**
>
> ## DEVAGAR
>
> **PRÁTICA:** em vários momentos durante o dia, movimente-se mais devagar e preste atenção ao que estiver fazendo – tomar chá, dar entrada na senha, abrir a porta, por exemplo.
>
> **COMENTÁRIO:** essa prática leva imediatamente à consciência plena. A tecnologia e as exigências – nossas e dos outros – nos fazem correr cada vez mais. A movimentação lenta é um ato de autoafirmação. É um modo de dizer: "Não estou aqui para obedecer; minha vida é mais que isso." É parar de vez em quando para estarmos em nossa própria presença.
>
> **SE QUISER IR MAIS FUNDO:** estenda essa atividade lenta. Veja se consegue fazer isso também na presença de outras pessoas – tão discretamente que elas não percebam.

Capítulo 2

A CIÊNCIA DE MINDFULNESS – A CONSCIÊNCIA PLENA

Nos últimos anos, neurocientistas têm estudado cuidadosamente os efeitos da consciência plena sobre o cérebro, e por enquanto suas conclusões confirmam o que os praticantes já sabem: mindfulness tem muitos e reais benefícios.

Antes de entrarmos em detalhes, vale a pena dizer que boa parte da pesquisa se baseia no estudo dos efeitos de apenas 8 semanas de treinamento em mindfulness – duas horas semanais, com quarenta minutos de meditação por dia. Isso quer dizer que, para obter os benefícios da consciência plena, você também deve meditar diariamente por quarenta minutos? De modo algum. Uma rotina diária de exercícios curtos de mindfulness vai trazer os mesmos benefícios. É exatamente isso que este livro se propõe a ensinar.

A pesquisa sugere que práticas de mindfulness levam aos poucos a certas mudanças no funcionamento do cérebro, assim como se espera que se fortaleçam gradualmente as partes do cérebro que um jogador mais utiliza durante o jogo.

MINDFULNESS E O CÉREBRO

O exercício de mindfulness torna a vida melhor. Isso é um fato. No entanto, muita gente (inclusive neurocientistas) sente que a prática melhora e é incentivada quando se conhece o papel do cérebro. Assim, aqui estão os principais aspectos conhecidos até agora da interação do cérebro com a prática de mindfulness.

Do devaneio à experiência direta. Que o cérebro "viaja" não é surpresa para ninguém. De manhã, de tarde e de noite, o cérebro nos leva por lembranças, fantasias e pensamentos de todo tipo. Pode ser até que você seja uma daquelas pessoas que falam sozinhas.

Mas talvez você não saiba que o devaneio é o estado normal do cérebro. Na verdade, os neurocientistas referem-se a ele como "modo padrão". Sempre que você parar – na mesa de trabalho, no trem, na praia – o seu cérebro vai viajar ao passado, ao futuro, ao que poderia ter sido, ao que ele disse, ao que ela disse e assim por diante. Por causa disso, é impossível permanecer por muito tempo em completo estado de consciência plena. Portanto não há a necessidade de se acusar de estar "a quilômetros de distância" ou "sonhando com os anjos". É normal.

O problema é este: quando o cérebro e a mente "viajam", você pode acabar remoendo o passado e, talvez, chegar à depressão; ou pode atormentar-se com preocupações futuras, aumentando o seu nível de ansiedade; ou, ainda, entregar-se a fantasias e perder a oportunidade de fazer as coisas acontecerem na vida real – imaginar-se fluente em uma língua estrangeira, por exemplo, em vez de começar a estudar. Na verdade, o devaneio é muito sedutor, pois a mente costuma contar histórias sobre o mais interessante dos temas: você; o que lhe aconteceu, o que alguém lhe fez, como você reagiu etc.

Pesquisas demonstram que os praticantes de mindfulness passam menos tempo em devaneio e mais tempo atentos ao que acontece em torno. Isso não é nada surpreendente, uma vez que substituir o devaneio pela experiência direta é a principal maneira de praticar mindfulness. O "modo devaneio" é desligado no momento em que você se concentra – o que, com a prática de mindfulness, torna-se cada vez mais frequente.

Mas o modo devaneio se desliga por pouco tempo. Está sempre pronto para ser religado, como o velho marinheiro que, ao menor pretexto, reconta histórias dos dias de glória no mar, até ser chamado de volta ao presente. Por isso, você tem de direcionar a atenção repetidamente à sua respiração ou a alguma outra experiência da vida real.

Sistema de raciocínio. Entre as diversas partes do cérebro, a última a se desenvolver foi o córtex cerebral, que é a superfície mostrada nas ilustrações. Quando se pratica mindfulness, o córtex pré-frontal, localizado atrás da testa, fica mais ativo. É lá que tiramos conclusões, fazemos planos, verificamos se eles são socialmente aceitáveis e tomamos decisões.

Outro efeito da consciência plena é o fortalecimento da influência do córtex pré-frontal sobre o centro emocional (o sistema límbico). Esse é um dos fatores que tornam a pessoa menos impulsiva, mais equilibrada. Com um córtex pré-frontal fraco, ficamos mais suscetíveis às emoções, inclusive às que levam à ansiedade e à depressão. Ao expandir aos poucos a influência do córtex pré-frontal, a prática de mindfulness tem a capacidade de reduzir a impulsividade e a suscetibilidade àquelas condições.

Empatia e conexão. A consciência plena também pode intensificar a atividade da área insular – a parte do cérebro envolvida na empatia, ou seja, na capacidade de compreender os sentimentos alheios e de ver o mundo pelos olhos do outro. Trata-se de uma habilidade de grande importância, tanto nas relações humanas quanto no ambiente profissional. A área insular também exerce papel relevante no amor, o que pode explicar o fato de os praticantes de mindfulness vivenciarem ligações afetivas de maior intensidade. E mais: essa importante estrutura cerebral estabelece a ligação entre a consciência das emoções e a consciência das sensações físicas. Com esse aumento de atividade da área insular, a pessoa sente-se mais "viva" e consciente, o que pode favorecer a presença de espírito, tão necessária no global e agitado mundo moderno.

Emoções positivas. As pessoas que praticam mindfulness por um curto período (8 semanas, em um estudo) experimentam um aumento na atividade do lado esquerdo de uma área do cérebro chamada córtex cingulado anterior. A ativação dessa estrutura do lado esquerdo está ligada a uma atitude positiva e a emoções positivas. Em geral, a prática de *mindfulness* faz as pessoas se sentirem melhor ao longo do tempo, e a área cortical anterior tem um papel nesse resultado, contribuindo assim para reduzir a ocorrência de crises de depressão.

Lutar ou fugir. Nós, seres humanos, somos criaturas emocionais cujo importante sistema límbico fica localizado abaixo do córtex, mais ou menos entre as orelhas. A amígdala, uma estrutura-chave do sistema límbico, ligada ao medo e à reação de lutar ou fugir, é parte crucial do nosso *kit* de sobrevivência. Como a informação recolhida por meio dos sentidos chega primeiro à amígdala, ela avalia se há perigo, antes que a parte pensante do cérebro tome consciência da situação. Assim, se houver perigo, a amígdala envia um alerta ao hipotálamo, que instantaneamente aciona o sistema de defesa "lute, fuja ou congele". A rápida avaliação feita pela amígdala, portanto, ajuda a evitar encrencas.

No entanto, o fato de a informação chegar primeiro à amígdala significa que o centro emocional é ativado antes de o raciocínio entrar em ação. Esse sistema "avise primeiro, pense depois" provavelmente se desenvolveu milhares de anos atrás, para que pudéssemos sobreviver e passar adiante os nossos genes. Então – e até hoje! –, se você estivesse andando na floresta e visse alguma coisa preta com listras alaranjadas atrás de uma moita, a amígdala mandaria subir rapidamente em uma árvore, pois aquilo poderia ser um tigre: o seguro morreu de velho. Esse impressionante sistema de defesa às vezes pode ser ineficaz: uma amígdala supervigilante pode criar ansiedade e medo desnecessários, tal como um sensor de presença supersensível ou um segurança nervosinho que vê em cada sombra a aproximação de um inimigo. No caso de uma experiência assustadora, por exemplo, muitas pessoas desenvolvem uma hipersensibilidade da amígdala.

Assim, vale a pena saber que os praticantes de mindfulness ficam menos reativos na parte emocional do cérebro, pois a amígdala se acalma, mas isso não transforma ninguém em zumbi. Lembre-se de que a área insular favorece a conexão com outras pessoas e é fortalecida pela prática de mindfulness. Não há indícios de que essa calma prejudique a capacidade de identificar perigos reais. Em essência, você vai ficando cada vez mais capaz de escolher uma resposta, em vez de reagir cegamente, e, em caso de risco verdadeiro e imediato, a amígdala entra em ação e faz seu trabalho.

Mudança de perspectiva. As regiões do cérebro relacionadas à mudança de perspectiva são favorecidas pela prática de mindfulness. Um exemplo pode ser analisar a situação pelo ponto de vista de outra pessoa. (O desenvolvimento da área insular, já mencionado, favorece isso.) Mais uma mudança pode ser observada na crescente capacidade de concentrar-se na respiração, ou em outro ponto, sem ceder a reações emocionais. Em outras palavras: o exercício de tomar consciência da respiração ou do corpo vai treinando a atenção, até você ser capaz de concentrar-se mais rapidamente e por períodos de tempo mais longos. Essa melhora da atenção, ligada a um aumento da atividade da parte lateral do córtex pré-frontal, pode ser observada entre os praticantes de mindfulness.

Assim, com a prática e maior capacidade de concentração, você vai achar mais fácil tomar consciência dos sons e atividades em volta, no caso de precisar dirigir a atenção para algo específico – uma tarefa, por exemplo.

Percepção da dor. Foi observado que a prática de mindfulness reduz no cérebro a percepção da intensidade da dor e o resultante desconforto emocional. Essa é a base do nosso programa de 8 semanas para redução do estresse – o Mindfulness-Based Stress Reduction (MBSR), desenvolvido originalmente para indivíduos que sofrem de dores crônicas – e do programa Breathworks. Se você pretende usar a consciência plena para lidar com a dor, provavelmente vai encontrar um desses cursos perto do local onde mora. (Saiba mais sobre Breathworks na seção Recursos, página 149.) No desenvolvimento da consciência plena, as pessoas que sofrem de dor são incentivadas a concentrar a atenção na dor propriamente dita, e não nos pensamentos de desconforto e nas imagens correspondentes. Isso diminui a aflição, mas o foco na dor também parece suavizar a experiência em si. Embora o assunto exija novos estudos, tais conclusões levaram hospitais e clínicas da dor, no mundo todo, a introduzir programas de mindfulness nos planos de tratamento. Caso você se interesse especialmente por esse aspecto da consciência plena, vale a pena ler Mindfulness for Health (Mindfulness para a saúde, em tradução literal), de Vidyamala Burch e dr. Danny Penman.

COMO É FEITA A PESQUISA SOBRE OS EFEITOS DA CONSCIÊNCIA PLENA (MINDFULNESS)?

Boa parte das pesquisas sobre os efeitos da consciência plena apoia-se em imagens de ressonâncias magnéticas e ressonâncias magnéticas funcionais. A primeira mostra as estruturas do cérebro em determinado momento. A segunda mostra as alterações do fluxo de sangue no cérebro: a região ativada precisa de mais energia, que obtém pelo aumento do fluxo sanguíneo. Um cálculo matemático ativa uma região, a lembrança de uma situação desagradável ativa outra região, e assim por diante.

UMA PALAVRA DE ADVERTÊNCIA

Embora pesquisas sobre mindfulness e o cérebro sejam realmente fascinantes, o mais importante é a prática. Claro que as informações sobre mudanças ocorridas no cérebro dos praticantes de mindfulness servem como um incentivo a mais. Os benefícios obtidos não representam opiniões, apenas; foram comprovados cientificamente. Portanto, se achar difícil ou trabalhosa a prática de mindfulness, lembre-se de que as recompensas são reais, e não imaginárias.

Capítulo 3

POR QUE A RESPIRAÇÃO É O MELHOR PROFESSOR DE MINDFULNESS?

Você está respirando? Tem certeza? Ótimo. Então, leia...

A SUA ONIPRESENTE FERRAMENTA DE MINDFULNESS: 20 MIL RESPIRAÇÕES

Nós respiramos aproximadamente 20 mil vezes por dia. Sem perceber, o que é muito bom. Mas não é isso que pretendo destacar. Minha intenção é dizer que a respiração pode ser de enorme ajuda para manter a consciência plena, a calma e a paz de espírito. Lembre-se que o caminho do sucesso em mindfulness é concentrar a atenção no que acontece no momento. Sempre que você se concentra na sua respiração, está desenvolvendo o "músculo de mindfulness".

Acredito que você goste das várias abordagens deste capítulo. No entanto, se é daquelas pessoas que se sentem incomodadas ao observar a própria respiração, pule-o e concentre-se no seu corpo, nos passos ou nos sons, como meio de entrar na zona de consciência plena. No capítulo 4, "Corpo Consciente", encontram-se sugestões para isso.

À procura do ponto de ancoragem. Para começo de conversa devo dizer que a consciência plena da respiração é uma das técnicas mais úteis. Na verdade, se você preferir tomar conhecimento de uma única abordagem, deve ser dessa, na minha opinião.

Enquanto respira, dedique alguns momentos a identificar a parte do corpo onde mais sente a respiração. Pense nela como uma espécie de "ponto de ancoragem" disponível sempre que você quiser entrar na zona de consciência plena, o que pode ser muito útil, em especial se a situação exigir presença de espírito: na sala de reuniões, na cozinha ou em uma rua movimentada. Procure o local do corpo onde sente melhor a respiração. Talvez sejam as narinas, a ponta do nariz, a garganta, o peito ou, se estiver respirando pela boca, os lábios. Localizado o ponto, inspire e expire algumas vezes, observando a sensação. Quando quiser alcançar a consciência plena, volte a atenção imediatamente para ele. Por exemplo: à noite, com a mente perturbada por um redemoinho de pensamentos inúteis, concentre-se nesse ponto, para pegar no sono.

Depois de localizado o ponto de ancoragem, é extremamente simples e reconfortante voltar a ele.

> **EM POUCAS PALAVRAS:** Identifique o local onde percebe melhor a sua respiração (a ponta do nariz, por exemplo) e concentre-se nesse ponto de ancoragem sempre que quiser alcançar o estado de consciência plena.

Respiração 7/11. Entre as técnicas disponíveis, esta é uma das mais fáceis. Além de poderosa, não poderia ser mais simples. Enquanto inspira, conte em silêncio de 1 a 7, e conte de 1 a 11 enquanto expira. A contagem ajuda a manter a mente concentrada e torna naturalmente a expiração um pouco mais longa. (Mais informações a seguir.)

> **EM POUCAS PALAVRAS:** Respire duas vezes, contando de 1 a 7 na inspiração e de 1 a 11 na expiração.

Foco na expiração. O que há de especial na expiração? A expiração solicita o sistema nervoso parassimpático, o que favorece a calma e a presença de espírito, mesmo em situações preocupantes: em casa, no trabalho, no esporte, nas compras etc. Sempre que sentir necessidade use esse recurso, como se o ar saísse do seu corpo para o chão. O foco na expiração é de grande ajuda também quando se quer descansar ou dormir.

> **EM POUCAS PALAVRAS:** Concentrar-se na expiração é uma prática calmante de mindfulness.

Contando as respirações. Outro modo eficaz de concentrar-se na respiração por alguns minutos é contar cada movimento completo de inspiração e expiração. Depois de inspirar e expirar, conte silenciosamente "um", depois da respiração seguinte conte "dois", "três" e assim por diante, até "sete", e recomece do "um". Caso desvie a atenção no meio do exercício, volte ao início. Por que contar até sete e recomeçar? Para você não tentar se superar e nem para ver quantas respirações consegue contar. O objetivo da prática é tomar consciência da respiração.

> **EM POUCAS PALAVRAS:** Para concentrar-se na respiração, conte sete ciclos de inspiração e expiração, e recomece. Em outras palavras: "ar entra, ar sai 1"; "ar entra, ar sai 2"; e assim por diante.

Sem controlar a respiração. Nosso corpo é perfeitamente capaz de respirar sem a nossa interferência. No entanto, como maus administradores, assim que tomamos consciência da respiração, somos irresistivelmente tentados a interferir. Você consegue se concentrar na sua respiração, sem tentar exercer algum tipo de controle sobre o processo? Talvez se surpreenda, ao perceber como é difícil – quase impossível – respirar sem interferir. Esse esforço representa um ótimo exercício de atenção, além de relaxante e prazeroso. Assim observada, a sua respiração vai certamente se tornar mais lenta e suave.

> **EM POUCAS PALAVRAS:** Procure deixar que o corpo respire sem interferir ou direcionar o processo.

Pausa depois da expiração. Boa parte da prática de mindfulness resume-se à pausa. A pausa leva você de volta a si, deixando de lado o redemoinho de acontecimentos e as infindáveis histórias contadas pela sua mente. A pausa revigora. Tenho certeza de que você já se pegou trabalhando freneticamente, para cumprir prazos estabelecidos. Uma pausa consciente, ainda que de poucos momentos, pode restaurar a sua presença de espírito nessas situações.

Uma pausa depois de cada expiração é natural, embora você talvez nunca tenha percebido. As pessoas, em sua maioria, só reparam nessa pausa rápida e sutil quando começam deliberadamente a observar a respiração. Quem prestar atenção vai notar.

Quando você se concentra na respiração, observar a pausa ajuda a manter o foco no momento presente.

Mas não tente controlar a pausa. Procure observar, apenas, por mais breve que ela seja, e deixe que a respiração seguinte ocorra naturalmente. É como estar à beira da praia, observando o movimento das ondas. A água chega devagar aos seus pés, parece fazer uma parada e recua. Depois de uma nova pausa, ela volta.

Imagine que você não consiga pegar no sono à noite. Conforme já comentei, concentrar-se na respiração é um recurso muito útil, mas inclua a pausa depois da expiração. Assim, a mente vai deixar de lado as preocupações, para dar atenção ao simples ato de respirar.

> **EM POUCAS PALAVRAS:** Para ajudar a concentração, repare na pequena pausa depois da expiração.

Uma pluma na ponta do nariz? Este é um modo simples de focar a leveza da respiração: imagine uma pluma suspensa acima da ponta do seu nariz e procure respirar bem levemente, de modo que a pluma não se mova. Mantenha os olhos abertos ou fechados – como preferir. Notou que precisa realmente de concentração, para não "incomodar" a pluma? Um minutinho dessa prática basta para chamar a mente de volta ao momento presente. Trata-se também de um bom exercício de relaxamento que pode ser usado em qualquer lugar; afinal ninguém, além de você, consegue enxergar a pluma.

> **EM POUCAS PALAVRAS:** Imagine uma pluma na ponta do seu nariz. Respire bem levemente, de modo que ela não se mova.

Barriga, peito, costas. Você já se familiarizou com a expansão e a contração da sua caixa torácica, quando respira. Mas, se prestar atenção, vai notar que as costas também se expandem e contraem. De maneira semelhante, você provavelmente se acostumou a sentir a expansão e a contração da barriga, sempre que respira. No entanto, a parte inferior das costas movimenta-se da mesma forma – às vezes com tal sutileza que faz desse ponto o mais conveniente foco de atenção.

É possível sentir a respiração no corpo inteiro. Na verdade, foi o que eu disse no parágrafo anterior, mas concentre a atenção na maravilhosa sensação de respirar, para voltar ao "agora". Se preferir, imagine dentro do seu tronco (peito e barriga) um balão colorido – de qualquer cor – que se expande e contrai a cada respiração. No capítulo 7, "Mindfulness em Casa", sugiro esse exercício para crianças pequenas, mas pode funcionar para você também.

A abordagem "barriga, peito, costas" leva a sua atenção, da cabeça para o corpo. É muito fácil pensar que o mundo inteiro existe na nossa mente, mas não é assim. Quando você acalma o corpo, as emoções também se acalmam. Ao concentrar-se no corpo durante a respiração, ainda que por pouco tempo, você vai descobrir paz e bem-estar.

> **EM POUCAS PALAVRAS:** Ao respirar, repare no movimento do peito, da barriga e das costas.

Inspire a negatividade. Finalmente, quero partilhar com vocês um modo diferente de trabalhar a respiração. Experimentei esse exercício durante uma caminhada, uma viagem de trem, uma tarefa de trabalho e em muitas outras situações. Trata-se de uma antiga prática tibetana ainda útil atualmente.

Imagine-se inspirando a sua negatividade emocional e expirando paz. Se não estiver em um momento negativo, imagine inspirar a dor do mundo e expirar a paz. Aqui estão alguns exemplos entre os quais você pode escolher o mais relevante, conforme a situação:

- Inspirar o medo. Expirar a paz.
- Inspirar a frustração. Expirar a paz.
- Inspirar os desentendimentos da família (dos amigos/de outra pessoa). Expirar a paz.
- Inspirar um dia estressante. Expirar a paz.
- Inspirar uma perda. Expirar a paz.

O diferente nesse exercício é que você *inspira* a negatividade, em vez de tentar expelir, o que se alinha perfeitamente à prática de mindfulness, na qual a realidade é aceita, e não negada. Ao "expirar a paz", você não tenta livrar-se dela; você partilha com o mundo ou com quem estiver na sua mente. Assim, desenvolve gradualmente uma sensação de paz interior.

Experimente o exercício no trânsito, em casa, onde achar conveniente. Mesmo que tenha um dia estressante pela frente, dedique-se por um ou dois minutos, dizendo: "Inspiro ansiedade. Expiro paz." Repita algumas vezes nas horas seguintes. Não precisa sentar-se nem fechar os olhos (embora eu considere um bom modo de começar o dia). O segredo é não escutar as histórias sobre fatos desagradáveis, que a sua mente talvez queira contar, inspirando negatividade e expirando paz.

EM POUCAS PALAVRAS: Pare por um ou dois minutos e imagine-se inspirando ansiedade, medo, raiva etc., e expirando paz..

EM RESUMO: Sempre que observa a respiração, você fica consciente. A respiração não acontece no passado nem no futuro, mas no presente. Por isso os praticantes de meditação e de mindfulness há milhares de anos usam a respiração como meio de se ligarem ao presente. Das práticas apresentadas neste capítulo, adote as que forem mais convenientes para você. Sempre que observar a respiração, especialmente no ponto de ancoragem (página 26), você estará praticando mindfulness. Portanto, vá em frente! Faça da sua respiração a maior amiga da consciência plena.

> **EM ATIVIDADE**
>
> ## UMA EXPIRAÇÃO, UMA INSPIRAÇÃO
>
> **PRÁTICA:** pare e observe a sua expiração até o fim. Faça o mesmo com a inspiração.
>
> **COMENTÁRIO:** esse exercício simples pode ser feito no trabalho, na cozinha, no engarrafamento ou em muitas outras situações do dia a dia. A expiração mostra-se particularmente calmante; por isso, minha sugestão é começar por ela. Embora o exercício seja muito rápido, talvez a sua mente comece a divagar. Se isso acontecer, concentre-se novamente na respiração; essa é a essência de mindfulness. E não esqueça que, se a mente não divagar, você não pode trazê-la de volta. Portanto, não faça autocríticas.
>
> **SE QUISER IR MAIS FUNDO:** preste atenção no pequeno espaço de tempo entre o fim de uma inspiração e a expiração seguinte. Deixe que a expiração ocorra naturalmente, sem interferir.

EM ATIVIDADE

REPARE NA PAUSA

PRÁTICA: fique imóvel e repare na pausa ao fim de uma expiração, antes da inspiração seguinte.

COMENTÁRIO: a pausa ao fim de uma expiração é tão curta que, para notar, você vai precisar deixar de lado os pensamentos e prestar atenção. A consciência da pausa favorece a imobilidade, ainda que por breves instantes, suficientes porém para que você não se deixe envolver pelo redemoinho dos acontecimentos. Em silêncio, tome consciência da pausa e observe a nova inspiração acontecer naturalmente.

SE QUISER IR MAIS FUNDO: respire várias vezes, observando como o corpo e a mente ficam imóveis entre uma expiração e a inspiração seguinte. Tente manter essa imobilidade pelo menos durante parte da inspiração que acontecer depois da pausa.

EM ATIVIDADE

DEPOIS DE UMA HORA

PRÁTICA: de hora em hora, volte novamente a atenção por alguns momentos para a sua respiração.

COMENTÁRIO: assim como outras pessoas, você talvez ache fácil praticar mindfulness no começo do dia. Com o passar das horas, porém, a agitação do dia atrapalha essa consciência plena e acarreta estresse físico e mental desnecessário. Você encara o mundo com a fisionomia carregada, a mente cheia de preocupação com o que vai acontecer a seguir, e depois, e depois... A perda da consciência plena e a tensão aumentam o cansaço no fim do dia. Concentrar-se na respiração de hora em hora ajuda a evitar estresse desnecessário.

SE QUISER IR MAIS FUNDO: repare no ar que entra pelas suas narinas ou passa pelos lábios e acompanhe sua descida para os pulmões. Espere e acompanhe a expiração. Observe todos os movimentos do corpo durante esse processo.

EM ATIVIDADE

O PONTO DE ANCORAGEM

PRÁTICA: identifique a parte do corpo onde a respiração é mais sentida. Esse é o seu ponto de ancoragem. Sempre que sentir necessidade de conscientização ou de presença de espírito, volte a atenção para o ponto de ancoragem.

COMENTÁRIO: em que parte do corpo você tem mais consciência da respiração? Para alguns é a ponta do nariz, para outros são as narinas, e para outros ainda, os lábios, o fundo da garganta, o peito, a barriga ou o diafragma (entre o peito e a barriga). Sente-se imóvel, por um minuto ou dois, observe a sua respiração, e vai identificar facilmente o seu ponto de ancoragem. É a ele que você vai voltar, sempre que se sentir em um redemoinho de pensamentos, emoções ou atividades. Com tempo e prática, o ponto de ancoragem fica mais eficaz como meio de alcançar o estado de mindfulness.

SE QUISER IR MAIS FUNDO: concentre-se no ponto de ancoragem por dois minutos. Enquanto isso, tome consciência da sua postura. Observe o corpo respirando, com o ponto de ancoragem no centro. Sempre que a sua mente divagar, dirija suavemente a atenção para o ponto de ancoragem.

EM ATIVIDADE

RESPIRAÇÃO 7/11

PRÁTICA: inspire contando até 7. Expire contando de 1 a 11.

COMENTÁRIO: essa breve e popular prática de mindfulness pode ser usada em qualquer lugar: no trabalho, na cozinha, no carro preso no congestionamento, no ginásio de esportes etc. A contagem ajuda você a se concentrar na respiração e expirar mais longamente, o que tem efeito calmante. Enquanto respira, observe os movimentos do corpo – peito, barriga e costas em expansão e contração, por exemplo.

SE QUISER IR MAIS FUNDO: se dispuser de dois minutinhos antes de um compromisso, faça três respirações 7/11, e terá aguçada a presença de espírito. Caso haja oportunidade, repita o exercício depois do compromisso.

Capítulo 4

CORPO CONSCIENTE

Vivemos na era do corpo desprestigiado. Em outras palavras: vivemos muito mais na mente do que no corpo, diferentemente do que acontecia nas gerações anteriores.

O preço que pagamos por isso é a perda de contato com o corpo e, em última análise, conosco. Mindfulness – a consciência plena – nos conecta outra vez ao corpo. Apesar de ter *mind* (mente) na denominação, a prática nos liga muito mais ao corpo do que aos pensamentos.

Para começar a entender a consciência e o corpo, vamos dar uma olhada no papel exercido pelas sensações físicas na emoção.

EMOÇÕES FÍSICAS

Você acredita que as emoções estão sobretudo na mente? No entanto elas são, em grande parte, físicas: raiva pode provocar um aperto no peito; tristeza pode apresentar manifestações físicas, tais como lágrimas ou um bolo na garganta; tédio pode causar sensação de fraqueza.

Na prática de mindfulness, prestamos menos atenção à mente – aos pensamentos, em especial – e mais atenção ao que os sentidos nos trazem.

Eis um exemplo de como usar a consciência plena dos sentidos para nos ajudar com as emoções. Digamos que um acontecimento passado tenha deixado em você um sentimento de revolta, que se renova a cada lembrança. Esse sentimento indica duas situações: pensamentos e, talvez, imagens e diálogos raivosos; tensão física, com possível elevação de temperatura.

Na consciência plena, a orientação seria concentrar-se na sensação física provocada pela raiva, em vez de envolver-se na história contada na sua mente. Para facilitar a conexão com essa raiva física, imagine que o ponto do corpo onde ela se manifesta é de um vermelho brilhante.

Nem é preciso dizer que uma história ruim costuma repetir-se continuamente, ficando cada vez pior. Talvez você conheça alguém que remoeu uma situação dessas por anos ou décadas. Gente que sustenta a raiva pela vida toda representa um exemplo extremo, mas em escala menor pode acontecer a qualquer um de nós. Em outras palavras, é o que ocorre quando nos deixamos envolver por histórias que a mente nos conta.

Então, como fugir dessa armadilha emocional? Se for o seu caso, concentre-se no local onde a raiva se manifesta fisicamente. A sensação pode ser de calor ou frio, aperto ou flacidez, rigidez ou tremor, em uma área extensa ou reduzida. Talvez até as características variem, mas sensações físicas começam e terminam. Assim, a manifestação física da raiva vai passar. Ainda que ressurja, vai desaparecer novamente. Às vezes, alguma coisa lhe chama a atenção, e você se esquece dela. Em outras ocasiões, esgota-se, simplesmente.

Na próxima vez em que sentir raiva, preste atenção à sensação física e não ligue para as histórias que a sua mente quiser contar. Você vai notar uma enorme diferença. A estratégia é especialmente útil quando você se revolta contra uma situação passada, a respeito da qual nada pode ser feito. Acalme a sensação física e sinta-se melhor.

Eventos do passado que não têm conserto levam frequentemente ao ressentimento. Nesse caso, a prática de mindfulness pode ser muito útil. Tal como acabamos de ver, em relação à raiva, a primeira providência é transferir a atenção, dos sentimentos para a sensação física.

EM POUCAS PALAVRAS: Quando sentir ressentimento, raiva, tristeza ou qualquer emoção "negativa", tome consciência das sensações físicas que as acompanham, em vez de perder-se em pensamentos.

ACALMAR AS EMOÇÕES

Acalmar o corpo acalma as emoções. Há muito tempo psicólogos acreditam que as emoções começam por sensações físicas. Em outras palavras: primeiro vem a sensação, e depois a emoção. Quer concorde ou não, acredito que você identifique um forte elemento físico, pelo menos. Isso significa que, acalmado o corpo, as emoções se acalmam. Portanto, em momentos de negatividade, uma observação atenta do corpo (página 42) ou uma caminhada consciente (página 41) suavizam a emoção.

Já esteve em uma piscina de ondas? Pode ser muito agradável, desde que você queira isso. Pense nas ideias e histórias que povoam a sua mente como causadoras das ondas emocionais; a prática de mindfulness desliga a máquina de ondas e acalma a água.

> **EM POUCAS PALAVRAS:** O relaxamento do corpo ajuda a acalmar as emoções.

POSTURA E MINDFULNESS

A consciência da postura é um exercício de mindfulness praticado em qualquer posição: sentada, de pé, caminhando ou deitada. Recomendo especialmente essa prática para aqueles que se sentem impacientes só de pensar em sentar-se por alguns minutos, observando a própria respiração. Em vez disso, procure tomar consciência da sua postura enquanto trabalha. Essa prática vai manter você no momento presente e trazer os benefícios da consciência plena. Assim como a maior parte das práticas de mindfulness, é muito discreta. Ainda que à mesa de trabalho, ninguém vai perceber que está tomando consciência da postura. Simplesmente sinta o corpo todo, da cabeça aos pés, inclusive a posição da coluna vertebral, e mantenha essa consciência por alguns momentos. Se achar melhor, observe ao mesmo tempo a sua respiração.

> **EM POUCAS PALAVRAS:** A consciência da postura, qualquer que seja ela, representa um modo eficaz de entrar na zona de mindfulness.

CAMINHADA CONSCIENTE

Há muito tempo – milhares de anos, talvez – andar é uma prática consciente. Para isso, preste atenção aos seus pés, quando tocam o chão, ou ao movimento dos braços. Você pode olhar para qualquer coisa que se mova no seu campo de visão: pássaros voando ou folhas levadas pelo vento; perto do mar, observe o movimento das ondas ou aves aquáticas. Você talvez pense que está entrando em um novo mundo, mas ele sempre esteve lá. A questão é que pouca gente repara.

O segredo é andar conscientemente – devagar ou depressa, como preferir. As pesquisas demonstram que uma caminhada rápida melhora o humor, e esse efeito perdura por umas duas horas. No entanto, para prática de mindfulness, muitos preferem andar devagar. Você decide.

Se for possível caminhar no parque ou no campo, perto de um rio ou canal, melhor. A caminhada ao ar livre, junto ao verde, tende a provocar um efeito calmante mais intenso do que uma caminhada solitária na rua, por exemplo. No entanto, se andar na rua ou em volta do quarteirão for a única possibilidade, isso não anulará o exercício de mindfulness, desde que praticado conscientemente. Algumas voltas no jardim ou dentro de casa também valem. Eu mesmo já pratiquei por vinte minutos, quando estava sozinho, andando da frente aos fundos da casa e vice-versa. Você pode fazer o mesmo.

> **EM POUCAS PALAVRAS:** Andar conscientemente é uma prática eficaz e tradicional de mindfulness, em especial – mas não exclusivamente – se você estiver em estado de inquietação ou impaciência.

A OBSERVAÇÃO DO CORPO

Em muitos aspectos, a observação do corpo é um dom que você se concede. Por cinco a dez minutos, pare de correr e de forçar o ritmo do corpo. Permita-se apenas ser. Práticas como essa podem trazer de volta a ausência de pressa, tão familiar em muitas sociedades antigas, e tão rara atualmente.

Para aqueles que pensam demais, a observação do corpo é capaz de gerar o tão necessário equilíbrio, além de favorecer o sono.

Sente-se ou deite-se e sinta o seu corpo. Em outras palavras: preste atenção nas diferentes partes, uma por uma, em sequência, das pontas dos pés à cabeça. Comece pelos dedos dos pés e vá subindo: panturrilha, joelhos, coxas, quadris, costas, barriga, peito, ombros, braços e mãos. Em seguida, sinta a nuca, parte de trás da cabeça, testa, olhos, queixo e rosto. Simples assim.

Se preferir, comece pela cabeça e vá descendo. Algumas pessoas gostam de imaginar uma onda de conscientização, como a água do chuveiro a descer pelo corpo. Você pode, ainda, criar uma versão um pouco mais rápida. E não se preocupe em lembrar os estágios a seguir; vá tomando consciência, apenas.

Caso perceba áreas de desconforto ou dor, imagine-se soprando nova vida no centro desses locais. Se for alguma dor que nunca havia sentido, pense em consultar um médico. De todo modo, é importante identificar a localização da dor, para que ela não pareça pior do que realmente é.

Esse princípio pode estender-se do corpo para outras áreas da vida, uma vez que algumas talvez funcionem bem, e outras, não (isso acontece com qualquer um). Se você se concentrar nos problemas, vai entrar em um estado emocional negativo – ou em depressão. Dirija a sua atenção ao que estiver funcionando bem (assim como as sensações físicas na observação do corpo), e o seu estado emocional vai melhorar. Não precisa negar as dificuldades, mas reconhecidos os pontos positivos e negativos, cria-se um equilíbrio, impedindo que a negatividade ganhe espaço.

> **EM POUCAS PALAVRAS:** Tome consciência do seu corpo dos pés à cabeça ou da cabeça aos pés. Esse é um exercício de mindfulness que ajuda a localizar e reduzir os pontos de tensão.

UM PONTO DE PAZ

Encontre um ponto de paz no seu corpo, para acalmar as emoções e os pensamentos. Como? Ligue-se ao local onde for mais intensa a sensação física de paz. Dirija para lá a sua atenção sempre que estiver em busca de paz.

Se quiser, tente descobrir agora esse ponto. Caso seja possível fechar os olhos, faça isso. Tome consciência de todo o seu corpo. Procure o local onde a sensação de calma é mais intensa – um reservatório de quietude, digamos. Detenha-se e imagine estar soprando delicadamente aquele local. É assim que se faz a conexão com o ponto de paz que existe no seu corpo. Ele estará lá, sempre que você precisar.

> **EM RESUMO:** Encontre o local do seu corpo que lhe desperta mais sensação de paz. Dirija para ele a sua atenção sempre que precisar de calma.

EM ATIVIDADE

OBSERVAÇÃO RÁPIDA DO CORPO

PRÁTICA: tome consciência do seu corpo, dirigindo a atenção para todas as partes.

COMENTÁRIO: nessa prática, usa-se o corpo para alcançar a consciência plena. A observação do corpo é um exercício útil, tanto para localizar como para relaxar os pontos de tensão. Imagine um fluxo de conscientização descendo pelo seu corpo, da cabeça aos pés, como a água do chuveiro.

SE QUISER IR MAIS FUNDO: caso note algum ponto de tensão, imagine-se soprando no centro dele e passe adiante. Depois de encerrada a rápida observação do corpo, descanse por alguns momentos, antes de retomar o que estava fazendo.

EM ATIVIDADE

ATENÇÃO AOS PÉS

PRÁTICA: por alguns momentos, sinta atentamente o contato dos seus pés com o solo.

COMENTÁRIO: para isso, você precisa deixar de lado o que a sua mente diz e concentrar-se na realidade. Se está em posição sentada, os seus pés tocam levemente o chão? Ou está de pé? Relaxado ou tenso? Sente um leve formigamento nas solas dos pés? Os seus pés repousam levemente sobre o chão ou parecem ter criado raízes? Não existem respostas certas; trata-se apenas de um exercício de conscientização. Caso ache difícil concentrar-se na respiração, experimente focar os pés.

SE QUISER IR MAIS FUNDO: por alguns instantes dirija a atenção para aquela sensação de formigamento nos pés. Repare se a sensação vai ficando mais intensa ou mais suave, se os pés estão mais quentes ou mais frios.

> **EM ATIVIDADE**
>
> ## ATENÇÃO À POSTURA
>
> **PRÁTICA:** de vez em quando tome consciência da sua postura por alguns momentos.
>
> **COMENTÁRIO:** Tomar consciência da postura é um rápido exercício de mindfulness, especialmente útil para quem trabalha no computador, agarrado à tela, com os músculos em permanente estado de tensão. Trata-se de uma prática conveniente também para os motoristas, que tensionam pescoço e ombros, sem perceber. Essa postura consciente já existia muito antes da invenção do computador e dos motores de combustão interna, mas o corpo não está no passado nem no futuro; está aqui, no momento presente. Uma postura consciente é capaz de gerar, de imediato, uma sensação de presença e calma.
>
> **SE QUISER IR MAIS FUNDO:** ao verificar a postura, observe rapidamente o corpo inteiro, identificando as áreas de tensão e de calma. Deixe que o corpo encontre o equilíbrio.

EM ATIVIDADE

LAVE AS MÃOS

PRÁTICA: ao lavar as mãos, preste atenção aos movimentos e às sensações provocadas pela água e pelo sabão.

COMENTÁRIO: esse é um bom exemplo de atividade diária que serve como exercício de mindfulness. As pessoas, em sua maioria, lavam as mãos várias vezes por dia, mas distraidamente. Procure concentrar-se no ato de lavar as mãos, forçando-se a manter a atenção. Sinta a textura do sabão, a temperatura da água, o contato entre as mãos. É precisamente pela descomplicação, pela frequência e pela praticidade que o movimento de lavar as mãos representa uma prática útil de mindfulness.

SE QUISER IR MAIS FUNDO: assim como lavar, enxugar as mãos conscientemente é um bom exercício. Ao terminar, tente levar para a tarefa seguinte a consciência alcançada.

Capítulo 5

EM ATIVIDADE – CONSCIÊNCIA PLENA EM VIAGENS

Para muitos de nós, ser um cidadão do mundo é viajar. Entre outros fatores, o comércio apoia-se em legiões de pessoas que passam o tempo em carros, trens e aviões, a caminho de seus compromissos. O lado negativo? Viajar pode ser estressante, cansativo, entediante – exaustivo, mesmo. Claro que as viagens continuam necessárias, mas a boa notícia é que, com mindfulness na bagagem, você vai e volta em melhor situação, com experiências muito mais agradáveis. Aqui estão algumas sugestões para transformar você em viajante plenamente consciente.

NO CARRO

Lembra-se de quando aprendeu a dirigir? Lembra-se de como era consciente, debruçando-se sobre o volante enquanto o carro avançava pela estrada? E de como, com o passar do tempo, a segurança e a prática fizeram você dirigir de um ponto a outro sem raciocinar? Você se perde em pensamentos durante o trajeto – ou será que o carro anda sozinho? Qualquer que seja a resposta, é assustador imaginar que, agorinha mesmo, muita gente está dirigindo por aí sem prestar a menor atenção ao que faz.

Dirigir em estado de mindfulness é muito bom não só pela prática, mas também para manter a sua integridade física. Dirigir não se trata apenas de guiar um carro. Trata-se, frequentemente, de avançar centímetro a centímetro em congestionamentos enquanto a frustração cresce no corpo e na mente. Embora seja inevitável um sentimento de irritação, boa parte dele é criada pelas suas histórias sobre a injustiça da situação, a conspiração do mundo contra você e o possível atraso para o compromisso seguinte. A consciência plena da respiração, a atenção à postura ou a observação do que se passa fora do carro (e fora da sua cabeça) são estratégias que ajudam a interromper a espiral de negatividade e de pensamentos inúteis.

A prática de mindfulness também contribui, de duas maneiras, para evitar a irritação no trânsito. Primeiro, as pessoas que se envolvem em discussões no trânsito frequentemente já estavam irritadas antes do incidente. Como a consciência plena envolve impedir que a mente "viaje", chamando-a constantemente de volta à realidade, é muito menos provável que aquelas pessoas se deixem levar pela irritação. Segundo, digamos que o motorista à frente esteja sonhando acordado, sem perceber que se acendeu o sinal verde, e perca a oportunidade de avançar. Se você for praticante de mindfulness, vai achar isso desagradável, mas não o fim do mundo; existe a consciência da frustração e dos seus pensamentos, mas o incidente não recebe mais importância do que merece.

Aqui estão algumas sugestões para os motoristas:

Preste atenção ao que acontece no seu corpo. Analise-o rapidamente – em especial os ombros e o pescoço, em busca de pontos de tensão. Já reparou que, enquanto você dirige, a tensão vai se acumulando, a ponto de provocar dor e, assim, chamar a sua atenção? Tome consciência do que acontece nos seus ombros e na nuca. Isso pode contribuir para evitar que a tensão piore, permitindo que você canalize energia para as necessidades que surgirem, ao fim da jornada.

O que os espelhos mostram? Espera-se que você verifique constantemente o que se passa ao lado e atrás do carro. No entanto, quando o motorista entra em uma espécie de transe atrás do volante, o que os espelhos mostram poderia estar acontecendo em Marte. Mas Marte é aqui, e ele corre o risco de ser despertado sem delicadeza alguma. Usar os espelhos conscientemente faz todo o sentido.

O que está acontecendo à frente? Anos atrás, embora houvesse poucos carros, as ruas estivessem praticamente vazias e a velocidade fosse relativamente baixa, os acidentes aconteciam em quantidade espantosa. A razão disso era o fato de os motoristas não terem consciência da importância de prever o que há depois da curva ou da subida. Estar alerta para o que pode acontecer em seguida é um recurso de sobrevivência básico para o motorista. Mas qual é o nosso verdadeiro nível de atenção? Que consciência temos do que se passa à frente? Essa pode ser a diferença entre a vida e a morte. Em situação parecida, embora menos importante, já reparou como só percebemos a presença de um policial à beira da estrada, com um medidor de velocidade, quando passamos por ele? Esse é o preço que se paga pelo hábito de dirigir sem consciência plena do que acontece diante dos nossos olhos.

Você consegue sentir o volante? Observar os movimentos do volante é um bom meio de praticar mindfulness no carro. O mesmo se pode dizer do contato dos pés com o piso do carro e do vaivém do limpador de para-brisa nos dias de chuva.

> **EM POUCAS PALAVRAS:** Para manter a consciência plena enquanto dirige, entre em sintonia com o seu corpo e repare no que acontece, à frente e atrás.

NO AVIÃO

Você talvez se pergunte como manter a consciência plena durante uma viagem de avião, em meio a tantos ding-dongs, bip-bips, avisos, carrinhos e rotinas de segurança – um ambiente que parece feito para desviar a atenção, entediar e provocar câimbras. Mas é possível, sim. Experimente estas ideias:

Conecte-se com a sua postura. Sinta os pés contra o piso, as costas contra o encosto do assento. Repare no que faz com as mãos. Essa observação, somente, ajuda a relaxar. E se você tiver câimbra? Procure a área de tensão, dirija a atenção para ela, e veja como melhora.

Pratique um pouco a consciência da respiração. Acompanhe a expiração e deixe que a inspiração seguinte ocorra absolutamente sem esforço. Essa técnica é especialmente útil se você quiser pegar no sono.

Ouça uma meditação de mindfulness. Ouvir pelos fones de ouvido uma meditação de dez minutos pode ajudar você a chegar ao destino em boa forma e com boa disposição. Na parte final deste livro, há indicações de aplicativos para smartphones e de áudios que podem ser baixados gratuitamente do meu site (www.padraigomorain.com).

Depois de cada aviso dos comissários de bordo, volte-se novamente para a sua respiração. Se os avisos desviarem a sua atenção da leitura ou do trabalho, volte a tomar consciência da sua respiração, depois de cada um. É verdade, são tantos os avisos durante o voo, que você vai repetir o exercício diversas vezes.

> **EM POUCAS PALAVRAS:** A conexão com a postura e a respiração, bem como os exercícios armazenados no tablet ou telefone celular, podem reduzir os efeitos desagradáveis das viagens aéreas.

NO TREM

Uma longa viagem de trem ainda guarda uma imagem romântica, mas viagens regulares de trem – longas ou curtas – podem ser muito diferentes. Os trens frequentemente circulam cheios e são barulhentos, o que às vezes torna a experiência bem desagradável. Nessas circunstâncias, um pouco de mindfulness é capaz de fazer você chegar ao destino com mais tranquilidade. Se preferir, ouça música ou leia, mas uma pausa para tomada de consciência da sua respiração, entre um capítulo e outro – ou entre uma música e outra – pode ser relaxante e revigorante. Aqui estão algumas práticas de mindfulness que você pode usar durante o trajeto.

Escute os sons do trem. Os trens modernos não chacoalham como os antigos e românticos trens a vapor, mas ainda têm ritmo. Desligue-se do que se passa no vagão, no seu laptop ou telefone e dirija, por alguns instantes, a atenção para o ritmo do trem.

Olhe para a paisagem como se fosse a primeira vez. Reparou como, nas primeiras viagens, olhava atentamente pela janela, mas, com o tempo, deixou de prestar tanta atenção? Na verdade, se as vidraças fossem cobertas por papel, não faria diferença alguma para muita gente. Por que não procura observar atentamente o que se passa do lado de fora, em vez de entediar-se remoendo antigos pensamentos? Tenha em mente que, nesse caso, você estará praticando outro exercício de mindfulness.

Ligue-se ao seu ponto de ancoragem. Na página 26, recomendo que você identifique o ponto do corpo onde tem mais consciência da sua respiração. Podem ser as narinas, a ponta do nariz, o peito, a barriga ou qualquer outro local. Use esse ponto a qualquer momento, sempre que quiser uma experiência de mindfulness. Assim, durante a viagem de trem, faça algumas vezes a conexão com o ponto de ancoragem e sinta a sua respiração. Você vai descobrir que, mesmo em um trem lotado, é possível sentir-se confortável.

> **EM POUCAS PALAVRAS:** Prestar atenção ao ritmo do trem, conectar-se à sua respiração e observar o cenário são três exercícios que você pode fazer para chegar ao destino com melhor disposição do que se passar todo o percurso pensando.

NO HOTEL

Viagens de negócios incluem hotéis, e tudo pode se juntar, criando uma experiência logo esquecida. Para evitar isso, experimente práticas de mindfulness.

Na recepção. Consegue lembrar o nome do recepcionista? Vendedores geralmente conseguem, mas a maioria das pessoas precisa esforçar-se para lembrar. Portanto, prestar atenção ao nome do recepcionista pode ser uma prática de mindfulness.

Um minuto de respiração consciente. Por um minuto tome consciência da sua respiração e afaste os pensamentos. Onde? Sente-se na beirada da cama e concentre-se na sua respiração por aproximadamente um minuto (não se preocupe em marcar o tempo exato). Sempre que desviar a atenção, concentre-se novamente na respiração.

Crie um ritual para todas as manhãs. Quer você goste ou não das primeiras horas da manhã, um breve ritual de mindfulness vai contribuir para o dia começar bem. Pode ser simplesmente a intenção de exercer a consciência plena, ao levantar-se da cama. Em seguida, abra as cortinas, olhe para o céu e acompanhe a sua respiração, enquanto escova os dentes ou espera que ferva a água para o café. Esse ritual de mindfulness é um modo de começar o dia muito melhor do que reclamando por ter de acordar!

Preste atenção ao café da manhã. Não sei quanto a você, mas eu não gosto de café da manhã de hotel. Não me agrada estar em um salão repleto de estrangeiros comendo educadamente. No entanto, um pouco de atenção ao sabor e ao aroma dos alimentos, bem como a consciência da respiração e da postura, podem ajudar nessa situação.

Faça uma caminhada. Você se hospeda regularmente em determinado hotel? Então procure um local agradável, para fazer uma caminhada prazerosa e consciente por um lugar conhecido. Isso cria uma sensação de pertencimento, e pode funcionar como um intervalo de presença e mindfulness, antes de uma reunião ou algum outro compromisso.

> **EM POUCAS PALAVRAS:** Pense em maneiras de transformar a rotina do hotel em exercícios de mindfulness: ritual matutino, caminhada (caso você se hospede sempre no mesmo hotel), atenção aos alimentos e consciência da respiração, por exemplo.

> **EM RESUMO:** O trajeto entre dois lugares não deve representar tempo perdido. Quaisquer que sejam os recursos adotados para tornar a viagem menos enfadonha – inclusive exercícios de mindfulness – vão preservar a sua energia e reduzir o estresse. Na próxima vez em que viajar de trem ou de carro, experimente.

EM ATIVIDADE

MINDFULNESS NA FILA

PRÁTICA: em uma fila, preste atenção ao que acontece, sem julgar. Concentre-se na sua respiração, nas solas dos pés em contato com o chão ou em alguma tensão na área do estômago.

COMENTÁRIO: repare como é difícil não julgar alguém que esteja atrasando a fila ou não criticar a instituição que obriga você a esperar. Observe como a parte julgadora da mente logo entra em ação. Dirija a atenção para o estômago, e sinta como os músculos da região ficam mais tensos. Aproveite essa excelente oportunidade para treinar o controle da atenção e das reações a eventos de pouca importância. São muitas as filas que temos de enfrentar. Então, em vez de considerá-las pura perda de tempo, use a experiência para praticar mindfulness.

SE QUISER IR MAIS FUNDO: ainda que pratique mindfulness, você provavelmente vai sentir impaciência na fila. Procure observar os seus pensamentos, sem se deixar levar pela negatividade. Aplique isso aos momentos de espera nas filas e nas ligações telefônicas.

> **EM ATIVIDADE**
>
> ## SÓ UM MINUTINHO
>
> **PRÁTICA:** tente conectar-se por um minuto com o que se passa ao seu redor.
>
> **COMENTÁRIO:** em um minuto cabem muitas experiências – sons, imagens, luz, sombra, temperatura, sensação, para citar poucas. De vez em quando, é bom deixar de lado os pensamentos e permitir-se viver algumas dessas experiências. O que você ouve? O que vê? Como é a luz? Com o que o seu corpo se conecta – cadeira, parede, ponto de ônibus? É a vida à sua volta. Conceda à sua vida a honra de um pouco de atenção. Em outras palavras: tome plena consciência da sua vida.
>
> **SE QUISER IR MAIS FUNDO:** permita-se um senso de ajustamento naquele minuto. Permaneça imóvel e deixe que o seu corpo se assente.

EM ATIVIDADE

OBJETOS DE SEMPRE

PRÁTICA: em casa ou no ambiente de trabalho, pare e observe os objetos que estão lá há anos e você nem presta atenção.

COMENTÁRIO: às vezes, ao preencher um formulário on-line, encontramos algumas opções "acinzentadas", significando que não estão disponíveis e não devem ser levadas em conta. Provavelmente há numerosos objetos assim na sua casa ou no trabalho, e você passa direto por eles. O seu prato de uso diário, por exemplo, talvez tenha uma decoração bonita na qual você só reparou quando era criancinha. Não é assustador pensar que uma parte da sua única vida permanece "acinzentada"? Tome consciência plena dos objetos de uso diário, para renovar a sua experiência do mundo.

SE QUISER IR MAIS FUNDO: ande pela casa por algum tempo, para apreciar o desenho de xícaras, pratos, talheres, papéis de parede, tapetes, cortinas, vasos e outros objetos.

EM ATIVIDADE

UM LUGAR DE MINDFULNESS

PRÁTICA: escolha um ambiente no qual você possa alcançar a consciência plena sempre que quiser.

COMENTÁRIO: qual é o ambiente aonde você vai todo dia? Cozinha? Banheiro? Quarto? O espaço de consciência plena não precisa ser isolado nem permitir a queima de velas e incensos. Para a maioria das pessoas, a cozinha serve muito bem. Como funciona? Decida praticar mindfulness toda vez que entrar na cozinha, e esse passará a ser um local propício a uma pausa no redemoinho de pensamentos.

SE QUISER IR MAIS FUNDO: escolha três espaços, sendo um em casa, um no trabalho e um ao ar livre. Sempre que estiver em qualquer um deles, cultive a consciência plena do que estiver fazendo fisicamente. Se for adequado – o que pode significar "se não houver outra pessoa presente" –, faça tudo bem devagar.

EM ATIVIDADE

A ARTE DA ESPERA

PRÁTICA: quando estiver esperando alguma coisa – a água ferver ou o ônibus chegar, por exemplo – veja se consegue se concentrar por um minuto ou dois.

COMENTÁRIO: parece que estamos perdendo a capacidade de esperar com calma. Quando temos de esperar, recorremos logo ao telefone, como se alguma lei proibisse a inatividade. O esforço para preencher todo o tempo com atividades torna-se cada vez mais intenso. Algumas pessoas chegam a interromper o sono noturno para enviar textos! Os momentos de espera podem funcionar como um bolsão de tranquilidade em meio à longa série de exigências da vida moderna. Em outras palavras, a espera é capaz de oferecer os períodos de renovação de que tanto necessitamos.

SE QUISER IR MAIS FUNDO: esvazie a mente, observe o que se passa no seu corpo e permita-se viver os momentos de espera. Em vez de tentar descobrir a fila mais rápida no supermercado ou no banco, escolha a mais longa e relaxe.

> **EM ATIVIDADE**
>
> ## A ARTE DA ESPERA
>
> **PRÁTICA:** repare nos movimentos da caminhada ou de atividades manuais – cozinhar, por exemplo.
>
> **COMENTÁRIO:** o senso cinestésico (ou percepção cinestésica) geralmente só se manifesta quando estamos cansados ou praticando atividades como correr, pedalar ou dançar. No entanto, a consciência do movimento é prática muito antiga que pode ser utilizada em qualquer circunstância – na mesa de trabalho, no carro, na bicicleta, nas tarefas domésticas e assim por diante. Trata-se de um ótimo recurso de conscientização sem interromper as atividades do dia a dia.
>
> **SE QUISER IR MAIS FUNDO:** como exercício de conscientização, movimente-se deliberadamente mais devagar por alguns momentos, onde quer que você esteja. Em outras palavras, não se apresse. Preste atenção em cada movimento.

EM ATIVIDADE

ESCOLHA UM PONTO DE REFERÊNCIA EM MINDFULNESS

PRÁTICA: escolha uma atividade rotineira que você normalmente cumpre sem prestar atenção. Decida que, daquele momento em diante, vai usar tal atividade como exercício de mindfulness.

COMENTÁRIO: nossa mente tende a divagar. Por isso a escolha de pontos de referência é imensamente útil à conscientização do nosso fluxo de experiências. Para utilizar pontos de referência em mindfulness, escolha uma ou duas atividades habituais e decida adotar a consciência plena para executá-las. Eis algumas sugestões: usar o elevador ou as escadas, escovar os dentes, tomar banho, beber o café comprado a caminho do trabalho, amarrar/desamarrar os sapatos, caminhar até o portão da frente ou sair do prédio onde você mora.

SE QUISER IR MAIS FUNDO: execute a atividade devagar. Repare na sua postura, nas suas reações, e no que vê e ouve.

Capítulo 6

MINDFULNESS E ALIMENTAÇÃO

Alimente-se de forma consciente, tornando a experiência mais prazerosa e saudável.

QUAL É O IMPACTO DA CONSCIÊNCIA PLENA SOBRE AS REFEIÇÕES?

Como veremos adiante, neste capítulo, uma alimentação consciente favorece o prazer e o hábito de comer apenas o suficiente – sem o exagero tão comum, quando se quer controlar emoções negativas. Além disso, ajuda a identificar possíveis atitudes inúteis em relação à comida. A conscientização é um passo importante, quando se trata de definir questões relativas a alimentos ou dietas.

Vamos começar por uma prática muito simples de mindfulness na alimentação.

Um minuto de mindfulness à mesa. Esta poderosa tática, que sempre recomendo, é o segredo de todos os benefícios descritos acima. O esquema é o seguinte: dedique pelo menos o primeiro minuto de cada refeição a tomar consciência de estar comendo e o quê. Em outras palavras, dedique-se a prestar atenção ao gosto, à textura e ao aroma da comida. Quando beber chá, café ou vinho, repare em cada gole. Você vai apreciar muito mais do que se engolisse mecanicamente.

Esse exercício simples aumenta a sua sensibilidade ao alimento, e talvez você goste tanto, que o estenda por mais de um minuto.

Não estou sugerindo que reproduza a cerimônia japonesa da hora do chá, mas que aprenda a criar momentos de mindfulness na sua relação com a comida e a bebida.

> **EM POUCAS PALAVRAS:** Pelo menos no primeiro minuto de cada refeição, preste atenção ao que você come. Dessa forma, estará trazendo o sabor de volta à sua vida.

A experiência de saborear chocolate ou uva-passa durante um minuto. Pegue uma uva-passa ou um quadradinho de chocolate. Por um minuto, pelo menos, dedique-se a saborear essa pequena porção. Observe a textura, o aroma, dê uma mordidinha. Se o chocolate ou a uva-passa começarem a amolecer, analise a sensação, na boca e na língua. Viva a tentação de engolir tudo nos primeiros dez segundos. É tentador, não? Esse breve exercício representa uma agradável e reveladora prática de mindfulness, capaz de ensinar muito sobre a sua abordagem à alimentação. A partir daí, você vai prestar mais atenção ao que come.

> **EM POUCAS PALAVRAS:** Uma experiência de um minuto é capaz de enriquecer a prática de mindfulness.

Alcançou a saciedade? Chega de comer? Então, é hora de avisar ao cérebro. A maioria das pessoas chega a um ponto no qual o estômago sinaliza para o cérebro que está satisfeito. No entanto, se comemos distraidamente, "atropelamos" o sinal, e, quando ele chega ao cérebro, já exageramos na comida. Isso acontece em especial com quem come depressa demais.

O sinal é normalmente disparado cerca de vinte minutos depois que começamos a comer. Vá devagar, portanto, e preste atenção. Você tem muito tempo. Assim, vai apreciar melhor os alimentos e sentir saciedade quando tiver comido o suficiente, sem exagero. Como se vê, a consciência plena pode contribuir para uma alimentação saudável, sem dieta.

> **EM POUCAS PALAVRAS:** Quem come conscientemente come mais devagar, dando tempo ao estômago de avisar ao cérebro que está satisfeito.

Engolindo as emoções. Comer é um ato emocional. Tecnicamente, pode-se dizer que comer é acabar com a fome, mas todos sabemos que se trata de uma história bem mais complicada. Comemos diante de uma tarefa estressante, para disfarçar o tédio, a ansiedade, a raiva ou a tristeza, e também por bons motivos: refeições agradáveis na companhia de amigos queridos representam momentos de afeto e animação. Ainda que sozinhos, uma refeição agradável é uma demonstração de autoestima e a afirmação de que merecemos comer bem. O outro lado da moeda são as pessoas que comem de menos ou demais, por não gostarem de si. Segundo se sabe, anorexia, bulimia e outros distúrbios alimentares possuem um forte componente psicológico.

O que tudo isso tem a ver com mindfulness? Quando toma consciência da alimentação, você começa a identificar padrões como deixar de preparar uma boa refeição, por não ter companhia, ou comer sem fome. Esses maus hábitos tanto podem vir do passado e ser facilmente abandonados, como refletir questões que precisam ser trabalhadas. Por exemplo: caso se sinta só, talvez precise fazer contatos, em vez de "comer a solidão".

> **EM POUCAS PALAVRAS:** Veja se a sua alimentação tem um componente emocional. Encontre um modo melhor de lidar com a ansiedade, a solidão e outros "gatilhos".

Menos boca e mais estômago. Para saber se temos fome ou não, o melhor guia é o estômago. Óbvio, não? No entanto, quantas vezes cometemos o engano de consultar a mente, e não o estômago? E, por causa do forte componente emocional, a mente pode responder que sente fome, embora o estômago não sinta. Digamos que são 11 horas. Hora do cafezinho com uma barra de chocolate. Mas talvez o estômago não queira isso e prefira esperar até sentir fome. De maneira semelhante, embora com a boca cheia d'água, diante de uma vitrine de comidas, você descobre que o estômago está satisfeito com o que já comeu. O oposto também pode acontecer: o estômago sente fome, mas você acha que não, porque engoliu uma sobra da véspera, antes de sair para o trabalho.

Percebeu que, ao usar a mente e a boca como indicadores, você pode se perder completamente da realidade? Um modo de evitar isso é tomar consciência do que diz o seu estômago. Repare como ele se comporta quando você come ou pensa em comida. Se já estiver seguindo outras práticas de mindfulness sugeridas neste livro, vai ser mais fácil.

> **EM POUCAS PALAVRAS:** Se quiser saber se está com fome, entre em sintonia com o seu estômago – não com a mente nem com a boca.

Separar devaneio e comida. Já lhe aconteceu de preparar uma receita cara, e comer tão distraidamente, que chegou a se perguntar por que gastou tanto dinheiro? Esse é o problema da falta de atenção. Investir dinheiro, tempo e atenção na preparação do alimento, e ignorá-lo na hora de comer? Isso se aplica a outros aspectos da vida: frequentemente deixamos que a distração nos impeça de apreciar o que temos diante de nós.

A atenção é capaz de resgatar o prazer na sua relação com a comida. Não há necessidade de silêncio absoluto; trata-se apenas de tomar consciência do que come e apreciar o sabor. O prazer na alimentação não precisa estar ligado ao preço. A consciência plena pode ser mais enriquecedora do que um prato dispendioso.

> **EM POUCAS PALAVRAS:** Preste atenção à comida no momento em que estiver comendo, e vai alimentar-se com mais prazer.

A COMPRA DOS ALIMENTOS

Se você acha que come demais, lembre-se de que a alimentação consciente começa no corredor do supermercado. Mercearias e supermercados são projetados e dispostos cuidadosamente, com o objetivo de fazer o cliente comprar o máximo possível. Não é estranho que movimentem tanto dinheiro. Portanto, quando você encontrar barras de chocolate ao lado da caixa registradora, não se imagine em luta contra elas; a sua luta é contra as artimanhas do setor de *marketing*.

Compra consciente. A prática de mindfulness na mercearia pode fazer diferença no seu orçamento e na circunferência da sua cintura. Mantenha-se fiel à lista de compras – ao que for realmente necessário. Os alimentos tentadoramente dispostos vão passar da geladeira à lata de lixo, ao fim de três dias? A mais indicada para você é uma embalagem de tamanho pequeno, médio ou grande? Você prefere a versão processada ou uma receita preparada na sua cozinha? Tomar consciência da sua respiração enquanto caminha pelos corredores do mercado ajuda você a manter os pés no chão e a cabeça no lugar. Assim, vai comprar apenas o que quer, e não o que lhe "empurram".

> **EM POUCAS PALAVRAS:** A compra consciente de comida (saber por que e o que compra) representa um largo passo para a boa alimentação. Além disso, é uma boa economia.

EM RESUMO: Se comêssemos apenas para matar a fome, não teríamos problemas nesse aspecto. No entanto, esse ato tão simples carrega tantas associações que frequentemente comemos demais ou sem atenção e deixamos de apreciar os alimentos. Por outro lado, a consciência plena desse ato de comer pode mudar nossa relação com a comida, enriquecendo a experiência da alimentação e da vida.

EM ATIVIDADE

SINTA O GOSTO DA COMIDA

PRÁTICA: na próxima vez em que comer alguma coisa, deixe que a sua língua perceba o sabor.

COMENTÁRIO: quando se come distraidamente, o alimento continua nutritivo – supondo-se que fosse nutritivo antes. No entanto, quando engolimos apressadamente ou atravessamos a refeição em uma espécie de transe, perde-se boa parte do prazer. Às vezes, o paladar fica tão amortecido que sentimos a necessidade de consumir alimentos de gosto forte ou intenso. Ao repararmos no sabor e no aroma (que afeta o sabor), abre-se um novo mundo de sensações. Com a prática de mindfulness, é provável que você passe a comer mais devagar, deixando de consumir em excesso.

SE QUISER IR MAIS FUNDO: veja se consegue levar dois minutos para comer um quadradinho de chocolate ou uma uva-passa, prestando atenção ao cheiro, à textura e ao gosto. Reconheça a tentação de engolir tudo rapidamente, mas viva a experiência de comer devagar e conscientemente.

EM ATIVIDADE

CONTROLE DOS IMPULSOS

PRÁTICA: na próxima vez em que sentir fome, observe essa sensação por algum tempo e conecte-se com ela. Em que parte do corpo ela se manifesta? Trata-se de uma área extensa ou reduzida? A intensidade aumenta e diminui?

COMENTÁRIO: em muitos aspectos somos criaturas de hábitos e impulsos. Aqueles que mais cedem aos impulsos têm menos controle da vida. No entanto, vontade é coisa que dá e passa; tomar consciência dos impulsos abre um espaço que possibilita escolher atendê-los ou não. Alimentação saudável é essencial, mas todos sentimos vontade de "sair da linha" às vezes. Observar como o impulso vem e vai, mesmo sem ser atendido, é uma habilidade útil. Faça isso quando sentir o impulso de comer alguma coisa – e coma os alimentos de que necessita.

SE QUISER IR MAIS FUNDO: fique imóvel por algum tempo e observe a natureza do impulso. Repare nas mudanças que ocorrem. Em vez de se considerar resistindo a um impulso, considere-se em um posto de observação, enquanto espera que se abra um espaço para escolhas.

EM ATIVIDADE

BEBA O SEU CHÁ

PRÁTICA: na próxima vez em que beber uma xícara de chá ou de café, use o primeiro minuto, pelo menos, para prestar atenção ao que se passa.

COMENTÁRIO: da enorme quantidade de xícaras de chá e café consumidas diariamente (165 milhões de xícaras de chá e 70 milhões de xícaras de café, só na Grã-Bretanha), pode-se dizer que a maior parte das pessoas não presta atenção ao que bebe. Pena, porque se perde a oportunidade de aproveitar um dos pequenos prazeres do dia. Aquele minuto, no mínimo, acrescentado à experiência ajuda a criar uma prática de mindfulness, enquanto você faz o que faria de qualquer modo. Isso agrega valor ao chá e ao café, cada vez mais caros.

SE QUISER IR MAIS FUNDO: preste atenção ao gosto e ao cheiro. Pense nos milhões de pessoas que estão tomando chá ou café neste exato momento, e decida entrar para o grupo dos que fazem isso conscientemente.

> **EM ATIVIDADE**
>
> ## PREPARAÇÃO LENTA
>
> **PRÁTICA:** quando preparar uma refeição para você, faça isso lentamente.
>
> **COMENTÁRIO:** muita gente capricha mais quando prepara um prato para os outros do que quando cozinha para si. É pena! Uma preparação cuidadosa vale pela afirmação de que a pessoa merece ser bem tratada. Ainda que seja um alimento de conveniência, você pode prestar atenção ao escolher no mercado e ao preparar na cozinha. O que comemos é, em parte, fruto do nosso trabalho. Seria uma contradição, portanto, colocar a comida desatentamente, no micro-ondas e no prato. Na prática de mindfulness, você se trata como trataria um convidado.
>
> **SE QUISER IR MAIS FUNDO:** procure desacelerar a preparação da comida. Pense na terra ou no mar de onde vieram os ingredientes. Pronta a refeição, coma atentamente.

> **EM ATIVIDADE**
>
> ## MOVIMENTO CONSCIENTE
>
> **PRÁTICA:** repare nos movimentos da caminhada ou de atividades manuais – cozinhar, por exemplo.
>
> **COMENTÁRIO:** o senso cinestésico (ou percepção cinestésica) geralmente só se manifesta quando estamos cansados ou praticando atividades tais como correr, pedalar ou dançar. No entanto, a consciência do movimento é prática muito antiga que pode ser utilizada em qualquer circunstância – na mesa de trabalho, no carro, na bicicleta, nas tarefas domésticas e assim por diante. Trata-se de um ótimo recurso de conscientização sem interromper as atividades do dia a dia.
>
> **SE QUISER IR MAIS FUNDO:** como exercício de conscientização, movimente-se deliberadamente mais devagar por alguns momentos, onde quer que você esteja. Em outras palavras, não se apresse. Preste atenção em cada movimento.

Capítulo 7

MINDFULNESS EM CASA

Mindfulness é uma prática muito boa. Mas até onde você consegue ir em uma casa movimentada? Na verdade, encontram-se inúmeras oportunidades de praticar mindfulness na vida doméstica. Vamos ver como qualquer um pode aproveitar atividades rotineiras para isso. Ainda neste capítulo, veja sugestões para uma educação consciente.

MINDFULNESS DE MANHÃ – COMEÇAR O DIA EM ESTADO DE CONSCIÊNCIA PLENA

Vamos começar do começo: a rotina da manhã. Se você quer ser consciente durante o dia, deve começar assim que se levantar da cama. A intenção se parece com a ponta da agulha: tudo segue atrás. Portanto, antes de colocar os pés no chão, diga: "Hoje vou praticar mindfulness." Não importa se você vai sair do quarto com energia total ou passar algum tempo esfregando os olhos para espantar o sono; apenas tome consciência dos seus gestos, do contato dos pés com o piso, da respiração. Isso é mindfulness.

Rituais de mindfulness para começar o dia são muito fáceis de criar:

- O seu primeiro gesto, ao acordar, é pegar o telefone celular? Se for, tome consciência da sua respiração e da sua postura, enquanto verifica as mensagens, textos e e-mails. Esse ato simples de mindfulness vai evitar que você se deixe levar por um turbilhão de pensamentos negativos, em especial se receber uma mensagem desagradável de uma pessoa desagradável. Você prepara um café ou um chá? Observe o aquecimento da água e aproveite o processo para passar em revista os seus pen-

samentos. Trata-se de um período que, apesar de curto, proporciona uma melhor administração do dia.
- Tome consciência das suas mãos em contato com a água. Verifique o que se passa do lado de fora – as árvores, por exemplo – ou escute os sons que vêm da rua. Pare por um momento.
- Mesmo um gesto simples, como calçar os sapatos, pode ser um exercício de mindfulness, desde que você faça devagar e atentamente.

A consciência plena é capaz de fazer até um dia potencialmente complicado começar bem. Se você acha isso difícil, posso garantir que prestar atenção ao que acontece no momento é ótima alternativa às reclamações sobre o que o dia reserva.

> **EM POUCAS PALAVRAS:** Para começar o dia, tome consciência de pelo menos uma atividade matutina. Isso vai lhe proporcionar estabilidade para o resto do dia.

DURANTE O DIA

Pense em atividades rotineiras que você executa enquanto pensa em outra coisa. Escolha uma ou duas e comprometa-se a cumpri-las conscientemente no futuro. Assim, terá breves oportunidades de praticar mindfulness durante o dia.

Oportunidades diárias de praticar mindfulness. Preste atenção ao contato com a água, enquanto lava louça. Sempre que o seu pensamento se afastar da tarefa, chame-o de volta. Isso é possível também quando você...
- escova os dentes;
- olha pela janela, de manhã;
- toma chá;
- dá a partida no carro;

- usa o elevador;
- liga o computador;
- digita a senha;
- toma banho;
- esvazia ou enche a máquina de lavar louças;
- cuida do jardim;
- estende roupas no varal;
- aproxima-se da porta, para ver quem tocou a campainha;
- entra no prédio onde trabalha;
- sai do prédio onde trabalha;
- desce escadas;
- sobe escadas;
- penteia os cabelos.

> **EM POUCAS PALAVRAS:** Essas atividades, bem como muitas outras, podem ser feitas conscientemente. Escolha uma ou duas como integrantes da sua prática diária de mindfulness.

Cozinhar e lavar louça conscientemente. Cozinhar não é sempre uma atividade feita com atenção? Não. Quantas vezes você já preparou rapidamente uma refeição e concluiu que o resultado não fez valer a pena o esforço? Quantas vezes "cozinhar" significa apenas abrir uma embalagem plástica e acionar os botões do micro-ondas? Alguém consegue relaxar em uma refeição dessas? O mais provável é que a televisão receba mais atenção do que a comida, e que o seu nível de estresse seja o mesmo, do início ao fim.

Será que uma preparação cuidadosa pode melhorar os seus dotes culinários? Não garanto, mas acredito. O seu humor vai melhorar com certeza. Preste atenção, ao cortar ou refogar os ingredientes. Observe cores e cheiros. Traga os seus pensamentos para o presente, e vai ver como a preparação de um prato pode ser desestressante – e você, com certeza, vai apreciar mais os sabores.

Quer dizer que cozinhar com mindfulness acalma? Provavelmente, outra vez, mas não necessariamente, e não de maneira significativa. Tem mais a ver com clareza da mente, com saber o que está fazendo.

> **EM POUCAS PALAVRAS:** Preparar uma refeição com plena consciência do que está fazendo contribui para um resultado melhor e para a prática de mindfulness.

Arrumação consciente. Meu sonho é que um gênio da tecnologia invente um robô de baixo custo que eu possa observar zanzando pela casa e que faça movimentos precisos para devolver ao meu espaço uma aparência de organização.

Enquanto isso, porém, faço da melhor maneira possível o que tenho de fazer. Já observou que os objetos mudam de lugar, provavelmente enquanto dormimos? Procure devolvê-los ao lugar de origem sem reclamar. Isso é ser consciente. Observe as suas reações ao executar as tarefas. Quando aquele *souvenir* na prateleira estiver a ponto de envolver você em lembranças, não permita. Em vez disso, segure o objeto e analise as emoções que ele desperta. Em seguida, ponha no lugar e continue a arrumação. Cuidar da casa, como exercício de mindfulness, é um modo de deixar limpo e organizado o espaço onde você vive. Não é mau negócio.

> **EM POUCAS PALAVRAS:** Escolha pelo menos uma das tarefas de arrumação da casa para fazer conscientemente.

MINDFULNESS PARA DORMIR BEM

No tempo em que vivemos, muita gente dorme mal. Um dos maiores benefícios da prática de mindfulness é melhorar significativamente as chances de um bom sono. Aqui estão algumas estratégias para dormir melhor.

Comece durante o dia. Alguns psicólogos acreditam que o cérebro usa o sono e o sonho para processar os acontecimentos do dia. Se esses profissionais estiverem certos, as preocupações e os ressentimentos fornecem bastante material. Isso pode explicar o cansaço, mesmo depois de uma boa noite de sono; o cérebro usa toda a energia disponível para trabalhar os sentimentos negativos. Conclusão: cabeça boa durante o dia leva a cabeça boa e sonho de melhor qualidade durante a noite. A prática de mindfulness contribui para isso.

Siga a expiração. Desvie a atenção, das preocupações para a expiração. Conforme mencionei no capítulo 3 (onde se encontra muito mais sobre mindfulness na respiração), a expiração é especialmente relaxante, e tomar consciência dela na cama, à noite, pode ser uma experiência profunda e prazerosa. Mas e se você estiver com a cabeça cheia de pensamentos? Não há necessidade de eliminá-los. Na verdade, essa história de eliminar pensamentos nunca funcionou muito bem. Em vez disso, quando um pensamento surgir, dirija delicadamente a atenção de volta à expiração. Repita a estratégia todas as vezes em que a situação se repetir.

Rotule os seus pensamentos ou a sua respiração. Quando tiver pensamentos desagradáveis, dê a eles em silêncio o rótulo de "pensamentos", e volte à respiração. A rotulagem de ideias negativas ajuda a acalmar as emoções associadas a elas. Se achar que o resultado não foi o que esperava, expire dizendo em silêncio "expirando", e inspire dizendo em silêncio "inspirando".

Deixe que a respiração se dê naturalmente, sem forçar. Veja se consegue observar o ar entrando e saindo, em vez de controlar. Assim, você deixa de pensar nas preocupações, para se concentrar na respiração. Se não gostar desse exercício, volte a sua atenção para o corpo – o contato com o lençol ou as cobertas, por exemplo.

Passe o corpo em revista. Muita gente prefere este exercício na hora de dormir ou para adormecer novamente, ao ter o sono interrompido. Pode ser que você durma no meio do exercício, mas isso não tem importância. No meu caso, ainda que a estratégia não me faça pegar no sono imediatamente, acordo muito mais descansado na manhã seguinte. Portanto, repita devagar, quantas vezes achar conveniente. As instruções para conscientização do corpo estão na página 38. Conceda-se o tempo necessário. Você está na cama; nada de pressa. Assim como na expiração, comentada no parágrafo anterior, sempre que os pensamentos tentarem desviar a sua atenção, concentre-se novamente na parte do corpo que estiver em foco.

"Ainda não dormi." Lembre-se de que este também é um pensamento negativo, e pode ser contraproducente. Adote a prática de abandonar não somente os aborrecimentos e preocupação, mas também a ideia de que não pegou no sono, e as horas estão passando. Uma boa sugestão é não procurar saber o horário.

> **EM POUCAS PALAVRAS:** Práticas de mindfulness – a conscientização do corpo, em especial – podem favorecer o descanso e o sono.

MINDFULNESS E CRIAÇÃO DE FILHOS

Primeira pergunta: as suas crianças permitem que você se sente para meditar? A resposta provável é "às vezes sim, às vezes não". E isso se aplica à maior parte das atividades a que os pais se candidatam. Felizmente, como este livro vem dizendo, ninguém precisa sentar-se e meditar, para praticar mindfulness. E, quando se trata de educar os filhos, consciência plena sem interromper as atividades é o padrão de ouro. Veja adiante alguns jogos simples para crianças pequenas.

Uma atitude de consciência plena tem enorme valor em relação às exigências da maternidade e paternidade. Se a sua atenção se perder, você correrá um sério risco de encerrar o dia em estado de exaustão física e mental. Com a prática de mindfulness, porém, você atravessa o mesmo corre-corre e cumpre as mesmas tarefas, encerrando o dia em melhor forma.

Pausa para equilíbrio. Uma pausa consciente – para conectar-se à respiração ou sentir o contato dos pés com o chão, por exemplo – é capaz de restaurar a presença de espírito dos mais estressados pais. Você vai confirmar que a pausa consciente se mostra especialmente útil quando a sua criança fizer manha. É como afastar-se do centro da tempestade, administrando melhor as cenas de choradeira sem fazer uma cena também.

EM POUCAS PALAVRAS: Adote uma atitude de mindfulness para manter relativa calma no trato com os filhos.

MINDFULNESS PARA CRIANÇAS PEQUENAS

Aqui estão alguns jogos que podem ser usados com crianças pequenas. (No próximo capítulo falaremos de mindfulness para adolescentes.)

Um brinquedo em cima da barriga. A criança deita-se e põe seu brinquedo favorito sobre a barriga, para que ele suba e desça conforme a respiração. O brinquedo "dorme", e a criança deve respirar suavemente, para que ele não acorde. Se você quiser, faça a mesma coisa, mas deixe que a criança escolha o brinquedo. O exercício permite que ela se concentre de modo relaxado, o que combina com a prática de mindfulness.

Respirando no balão. Peça à criança que imagine um balão colorido sobre a barriga. Quando ela respirar, o balão vai crescer; quando expirar, o balão vai diminuir. Acompanhe a criança algumas vezes no exercício. Descreva a cor do seu balão e peça a ela para descrever o dela. Essa técnica favorece o uso da barriga na respiração, o que é muito relaxante.

Lugar feliz. Diga à criança para procurar no corpo dela um lugar feliz, onde mora um sorriso. Deixe que ela aponte o lugar, e diga que pode visitá-lo sempre que estiver aborrecida ou acordar no meio da noite, imaginando-se juntinho do sorriso. Faça este exercício com a sua criança quando ela for para a cama, de modo que ela entre em contato com as próprias emoções.

> **EM POUCAS PALAVRAS:** Você vai encontrar muitos meios de ajudar crianças pequenas a alcançar a consciência plena e, ao mesmo tempo, brincar ou relaxar. Ver o brinquedo preferido subir e descer na barriga, conforme a respiração, e encontrar no corpo um "lugar feliz" são dois bons exemplos. Tudo isso ajuda a criança a se desligar um pouco dos pensamentos e cultivar sentimentos positivos.

MINDFULNESS PARA CRIANÇAS MAIS VELHAS

Crianças mais velhas (a partir de 7 anos) são capazes de aprender quase todas as técnicas de mindfulness, muito úteis não apenas durante a infância, mas pela vida toda. Experimente estes exercícios.

Respiração 7/11. Este exercício, já visto na página 27 e bastante popular entre as crianças, é muito bom para acostumá-las a tomar consciência da própria respiração, em especial nos momentos de ansiedade ou emoção. O exercício consiste em contar até 7 ao inspirar e até 11 ao expirar. Depois de duas ou três respirações completas, a criança se liga ao momento presente e cultiva a presença de espírito. Para demonstrar, o pai ou a mãe podem respirar enquanto a criança conta.

Qual é o animal? Use uma caixa com figuras de animais (também podem ser bonecas ou soldados, por exemplo). Pergunte: "Em que você está pensando? Se o seu pensamento fosse um animal (boneca, soldado), qual destes seria?" A criança aponta uma figura e faz as mesmas perguntas a você. A troca continua, até se esgotarem as figuras da caixa. Você e a criança, então, têm de lembrar alternadamente o pensamento ligado a cada ilustração. Vence quem lembrar um número maior. Este jogo ajuda a criança a se distanciar um pouco de seus pensamentos e a perceber que nem toda ideia tem de provocar uma ação ou ser levada terrivelmente a sério. Como bônus, você fica sabendo o que se passa na cabeça dela.

Consciência corporal para crianças. A sua criança possui uma tocha imaginária que vai iluminando o corpo dela da cabeça aos pés. Leve a criança a pensar que cada ponto iluminado pela tocha adormece, e, quando a luz chega aos pés, ela deve ficar quietinha, para não acordar o corpo. Assim, a criança pratica como deixar de lado os pensamentos e tomar consciência do corpo, o que ajuda a relaxar e a pegar no sono.

> **EM POUCAS PALAVRAS:** Adapte às suas crianças as práticas de mindfulness usadas com adultos. A consciência corporal e a respiração 7/11 são exemplos disso.

EM RESUMO: Em casa temos muitas oportunidades de praticar mindfulness sem fechar a porta do quarto para meditar. Você até pode fazer isso, se quiser; se não quiser, porém, as ideias apresentadas neste capítulo são realmente úteis. Se você é praticante de mindfulness, ensine às suas crianças, e estará oferecendo a elas recursos para a vida toda. A prática da consciência plena ajuda muito a criação dos filhos. Você vai encontrar muitas maneiras – inclusive fazendo uma adaptação das ideias deste livro – de transmitir para eles o que sabe.

EM ATIVIDADE

MINDFULNESS NA COZINHA LOGO DE MANHÃ

PRÁTICA: de manhã, a caminho da cozinha, repare como o fogão e as lâmpadas acendem quando você pressiona os interruptores.

COMENTÁRIO: você vai continuar a fazer o que faz todo dia, frequentemente com a cabeça longe – na reunião, nas mensagens... A diferença é a atenção. Ao executar conscientemente tarefas habituais, você ergue a cabeça acima da torrente de pensamentos – preocupações, talvez – que pode facilmente inundar as primeiras horas do dia. A prática leva apenas alguns minutos.

SE QUISER IR MAIS FUNDO: enquanto espera a água ferver ou a máquina de café fazer mágica, sente-se e tome consciência da sua respiração. Assim, vai aprofundar a prática de mindfulness e fortalecer o "músculo da conscientização".

EM ATIVIDADE

MISSÃO CUMPRIDA

PRÁTICA: afaste-se do ciclo infindável de atividades e reconheça as tarefas que cumpriu durante o dia.

COMENTÁRIO: o foco permanente no que virá a seguir reduz o nosso senso de satisfação pelo que foi realizado, mantém altos níveis de estresse e nos arranca do presente em direção a um futuro inconstante. De vez em quando, deixe de seguir a corrente e, antes de voltar a ela, reconheça em silêncio o que já fez. Não viva como uma máquina futurista. Aproveite para lembrar algumas das suas realizações do dia. Levantar-se da cama também conta!

SE QUISER IR MAIS FUNDO: antes de dormir, pense em algumas tarefas – simples ou complicadas – que tenha cumprido durante o dia. Reconheça os seus esforços. Quando a mente tentar embarcar em uma série de "e se..." ou "se ao menos...", chame-a de volta.

Capítulo 8

MINDFULNESS PARA ADOLESCENTES

No mundo inteiro, adolescentes começam a perceber os benefícios da consciência plena na vida diária. Mais adiante vou descrever algumas práticas de mindfulness para que você, leitor adolescente, saiba como manter a atenção no momento que estiver vivendo. Isso pode ser alcançado por meio da consciência da respiração ou dos passos, ou ainda por outro método que funcione para você. Voltar ao momento presente sempre que a sua atenção se desviar ou quando as emoções se intensificarem é a base da consciência plena.

Antes de passar em revista essas práticas, vamos tratar de alguns benefícios.

OS BENEFÍCIOS DA PRÁTICA DE MINDFULNESS PELOS ADOLESCENTES

- **Menos preocupação.** Adolescentes costumam passar muito tempo com a cabeça no que já aconteceu e no que ainda vai acontecer. Claro que todos devemos entender o passado e pensar no futuro, mas o presente é onde vivemos e atuamos. Quando você pratica mindfulness fica mais tempo no presente – composto de visões, sons, sensações físicas, cheiros e pessoas. Se as preocupações invadem a sua mente, concentre-se na sua respiração e volte ao momento presente.

- **Menos estresse.** Sempre que se sentir mal ou em situação de estresse, recorra à consciência plena, para ver com certo distanciamento o que acontece. É como estar na areia da praia admirando as ondas, sem se deixar levar por elas.

- **Mais atenção e mais concentração.** Para você, é difícil concentrar-se nas tarefas? A prática de mindfulness envolve trazer de volta, quantas vezes forem necessárias, a atenção à tarefa atual – uma habilidade valiosa, no presente e no futuro. Ao atuar como um treinamento do músculo da atenção, a prática de mindfulness contribui para melhorar o foco.

- **Calma.** Vivemos em um mundo movimentado, e às vezes parece que as coisas acontecem depressa demais. Ou nós é que estamos sempre apressados. A prática de mindfulness, com enfoque no momento presente, dá a impressão de que o tempo passa mais devagar. Um pouquinho de calma ajuda a tomar pé da situação e a fazer uma coisa de cada vez, sem correrias.

- **Mais paciência.** A impaciência é sinal da vontade de fugir do presente em direção ao futuro – ainda que seja um intervalo de dois minutos. Com a prática de mindfulness, essa vontade diminui muito. O futuro vai chegar, basta esperar! Qual é a importância disso? Quando as pessoas passam muito tempo pensando no que vão fazer em seguida, fica difícil aproveitar o momento. Então, quando assumem outra tarefa, pensam na seguinte, e assim por diante. A consciência plena ajuda a obter o máximo do presente sem perder de vista o que virá depois.

- **Decida sentir-se melhor.** Adotar a consciência plena é como decidir sentir-se melhor, pois a prática de mindfulness favorece a calma e o autocontrole. Isso vai fazer você feliz? Não se pode garantir. Alguém disse que a felicidade é como uma borboleta que pousa de repente na nossa mão e levanta voo, quando descoberta. Assim, embora não se possa ligar e desligar a felicidade, a consciência plena vai ajudar você a se sentir melhor por mais tempo.

- **Menos raiva.** Já reparou que quanto mais você pensa em um aborrecimento, mais raiva sente? Com a prática de mindfulness, você percebe a manifestação física da raiva. Algumas pessoas – eu, inclusive – sentem o corpo se aquecer. Se você se concentrar na sensação física, sem se deixar levar pelos pensamentos, a raiva desaparece, como toda a sensação física. Basta esperar um pouco.

- **Cabeça fria na hora da prova.** As provas escolares são uma realidade infeliz na vida do adolescente. Os exercícios de mindfulness mostrados a seguir podem ajudar você a manter o foco e a calma, na preparação e na hora do exame. A razão disso é que a consciência plena incentiva o praticante a manter a atenção no que estiver fazendo – o que é muito mais útil do que perder-se em histórias assustadoras sobre o que talvez aconteça. Se houver um plano de estudo, a consciência plena contribui para que ele seja seguido, sem devaneios sobre o futuro. Não esqueça: o importante é o que você faz agora.

- **Amizades melhores.** Adolescentes que praticam mindfulness também parecem relacionar-se melhor, não apenas com os colegas, mas com as pessoas em geral. A consciência plena desenvolve o sentimento de companheirismo.

> **EM POUCAS PALAVRAS:** Ao dirigir repetidamente a atenção para o momento presente, você se beneficia da calma e do equilíbrio proporcionados pela prática de mindfulness.

Emoções na adolescência. Não acredito que represente novidade para você a possível inquietação da adolescência – não apenas a época do desenvolvimento da identidade, mas também de emoções avassaladoras. Não admira, portanto, que alguns chamem a adolescência de "período de tempestade e tensão". Nossa capacidade de regular as emoções só se desenvolve completamente lá pelos 20 e poucos anos. No entanto, como contribui para o fortalecimento das ligações entre o cérebro pensante e o cérebro emocional, a consciência plena é especialmente útil para acalmar os adolescentes, criando um espaço onde seja possível pensar antes de reagir. Assim, a consciência da respiração e dos passos na caminhada representa um modo completamente novo de conviver com as emoções.

> **EM POUCAS PALAVRAS:** Na prática de mindfulness, tome consciência da sua respiração, abrindo espaço para administrar emoções fortes.

Respiração 7/11. Os adolescentes consideram útil a prática da respiração 7/11 (página 27), possível em qualquer lugar: sala de aula, quadra de esportes, reunião familiar. Esse tipo de exercício pode ser de grande ajuda em períodos estressantes de estudo. A expiração longa acalma, e é isso que a torna uma ótima prática de mindfulness.

> **EM POUCAS PALAVRAS:** Inspire contando até 7 e expire contando até 11.

Atenção à expiração. Siga atentamente até o chão o ar que sai dos seus pulmões (veja a página 27). Embora o ar esteja realmente saindo pelo nariz ou pela boca, sinta como se ele descesse pelo seu corpo, até o chão. Observe como se sente e espere que uma nova inspiração ocorra naturalmente. Faça esse exercício sempre que quiser.

> **EM POUCAS PALAVRAS:** Acompanhar a respiração é um bom calmante.

Rotulagem. Sempre que ideias ou emoções tentarem dominar você, aplique a eles o rótulo "pensamento", e traga de volta a atenção para os pés contra o solo ou a respiração. Essa estratégia acalma. Na página 106, encontram-se mais informações sobre o assunto.

> **EM POUCAS PALAVRAS:** Para acalmar as emoções, dê a elas o nome de "pensamento" e volte ao que estava fazendo.

Administração do humor. Você gostaria de controlar o seu estado de espírito? A má notícia é que o estado de espírito foge muito ao nosso controle; a boa notícia é que isso não precisa determinar o nosso comportamento. É possível aprender a reconhecer o humor e suas variações, sem agir de acordo. Raiva, tristeza, solidão e outros sentimentos vêm e vão. Concentre-se na sua respiração ou em alguma atividade – caminhar, por exemplo – enquanto espera. Outra boa sugestão, que proporciona certo distanciamento, é descrever o seu estado de espírito. Descubra em que parte do corpo o sentimento se manifesta com mais intensidade. Ele aumenta ou diminui? É escuro ou brilhante? Tem cor? Qual é a cor? Provoca uma sensação de aperto ou de flacidez? Faça uma imagem do seu sentimento. Pode ser em forma de nuvem? Escura ou clara? Pode ser uma onda do mar? De que tipo, fraquinha ou forte? Pode ser um som? Uma música?

> **EM POUCAS PALAVRAS:** Você pode administrar o seu humor. Observe como as emoções vêm e vão, e espere.

Consciência da postura. Algumas pessoas preferem dar atenção à postura, em vez de tomar consciência da respiração. Em outras palavras, preferem conscientizar-se de estar de pé, sentadas, deitadas, correndo ou caminhando. Na próxima vez em que estiver na sala de aula, por exemplo, procure tomar consciência da sua postura, e vai ver que a concentração melhora. Essa conscientização também abre um espaço mental que pode ser muito útil durante uma prova, para a leitura das perguntas e a elaboração das respostas.

> **EM POUCAS PALAVRAS:** A consciência da postura impede que os pensamentos formem uma avalanche, especialmente em situações estressantes.

Ponto de ancoragem. Pare por um momento e procure o ponto do seu corpo onde a respiração se torna mais sensível. A ponta do nariz? O peito? O fundo da garganta? Sempre que quiser alcançar a consciência plena, concentre-se nesse ponto. O resultado é rápido, e pode ser muito útil em situações estressantes – em casa, na escola ou entre colegas, por exemplo. Encontram-se mais informações na página 26, "À procura do ponto de ancoragem".

> **EM POUCAS PALAVRAS:** Identifique o local do seu corpo onde sente mais a respiração, e dirija a sua atenção para ele sempre que quiser praticar mindfulness. Quanto mais frequentemente você fizer isso, mais fácil será alcançar a consciência plena.

Caminhada consciente. Caminhar é realmente um bom meio de alcançar a consciência plena, em especial em momentos de contrariedade ou forte emoção – um desentendimento com amigos, por exemplo. Na página 45 encontram-se mais informações, mas o exercício consiste, essencialmente, em prestar atenção ao contato dos pés com o solo e ao movimento dos braços – em outras palavras, concentrar-se no seu andar.

> **EM POUCAS PALAVRAS:** Caminhar conscientemente é um ótimo exercício de mindfulness.

PARA NÃO ESQUECER

Lembretes são muito úteis à prática de mindfulness. Experimente organizar uma lista de atividades simples e rotineiras, que você pratica sem pensar, para serem usadas como lembretes da prática de mindfulness. Eis alguns exemplos: escovar os dentes, abrir o guarda-roupa, pentear os cabelos, escrever, dar entrada em uma senha, passar pela porta principal da sua casa e qualquer outra situação de que se lembre. A ideia é escolher uma ou duas e tomar consciência sem que ninguém perceba, para distanciar-se por alguns momentos dos seus pensamentos e emoções.

EM POUCAS PALAVRAS: Escolha uma atividade rotineira – escovar os dentes, por exemplo – para usar como lembrete da prática de mindfulness.

EM RESUMO: Espero que este capítulo tenha transmitido um gostinho do que a consciência plena é capaz de trazer para a sua vida, como forma de ajuda para atravessar a adolescência e seguir adiante. Se quiser prosseguir na prática de mindfulness, vai encontrar muitas ideias neste livro. O calendário da página 125, por exemplo, é ótimo ponto de referência para a prática diária. No YouTube encontram-se muitos vídeos sobre o assunto. O principal é lembrar que, ao eleger como favoritos um ou dois exercícios mostrados neste capítulo, você pode experimentar todos os dias os benefícios da consciência plena.

EM ATIVIDADE

OLHAR, APENAS

PRÁTICA: sem julgar nem comentar, observe o ambiente em volta. Em seguida pegue um objeto que esteja nesse espaço e observe, sem julgar nem comentar.

COMENTÁRIO: a mente trabalha por associação. Quando você olha um ambiente, um objeto ou uma pessoa, os sentimentos, lembranças, fantasias e pensamentos correspondentes vêm à tona e buscam a sua atenção. Como resultado, muitas vezes você passa a não ver o objeto, exatamente, mas suas associações. Assim, pode olhar uma pessoa e enxergá-la através das lentes do seu envolvimento com ela no passado, correndo o risco de perder de vista o verdadeiro e atual ser humano. Esse exercício proporciona um novo olhar, uma visão mais realista do mundo.

SE QUISER IR MAIS FUNDO: observe longamente alguma coisa que carregue um forte significado para você – talvez uma fotografia, uma lembrança de viagem, um cômodo. Repare nas várias associações que lhe vierem à mente e, em seguida, volte a prestar atenção no objeto.

> **EM ATIVIDADE**
>
> ## O AMBIENTE SONORO
>
> **PRÁTICA:** que sons você ouve agora, no ambiente onde está? Consegue ouvir sem interpretar, sem contar uma história a respeito? Se uma interpretação ou uma história lhe vierem à mente, reconduza delicadamente a sua atenção para os sons.
>
> **COMENTÁRIO:** nossos dias estão repletos de sons que não ouvimos – não por surdez, na maior parte dos casos, mas porque deixamos de prestar atenção. Sintonizar de vez em quando os sons do dia a dia pode ser um bom exercício de conscientização: pentear ou escovar os cabelos, pousar uma xícara sobre o pires, virar a página de um livro ou uma revista... Como em todas as práticas de mindfulness, se a sua atenção se desviar, traga-a de volta para os sons.
>
> **SE QUISER IR MAIS FUNDO:** pratique identificar sons familiares nos quais você deixou de prestar atenção – a sua respiração, a respiração de quem estiver ao seu lado, uma porta que se abre ou fecha, água correndo ou pássaros cantando, por exemplo. Esse exercício melhora a concentração pelo dia inteiro.

> **EM ATIVIDADE**
>
> ## O QUE ESTÁ ACONTECENDO?
>
> **PRÁTICA:** não importa se você está lendo este livro em casa, na escola, no ônibus ou no trem. Pare por alguns instantes, olhe e ouça o que se passa em volta. É como se você se perguntasse: "O que está acontecendo?"
>
> **COMENTÁRIO:** a pausa consciente traz muitos benefícios. Pode ser a oportunidade de observar uma possível tensão nos músculos dos ombros e do pescoço e a possibilidade de relaxar; se você estiver enfrentado um problema, talvez uma solução criativa venha do subconsciente e consiga ser ouvida. De todo modo, o exercício ajuda você a se distanciar dos seus pensamentos.
>
> **SE QUISER IR MAIS FUNDO:** ao parar e olhar em volta, tome consciência do seu corpo, da postura e da respiração.

> **EM ATIVIDADE**
>
> ## DESENHO IMAGINÁRIO
>
> **PRÁTICA:** faça um desenho imaginário de um objeto familiar. Observe as linhas e formas do seu desenho.
>
> **COMENTÁRIO:** para tomar consciência do que é familiar, para tornar a ver, pegue um objeto que faça parte da sua vida há tanto tempo, que você mal o perceba. Pense nas linhas que vão formar o desenho do objeto. Que espaços vai precisar incluir? O objeto parece possuir algum tipo de energia dinâmica que valha a pena representar? É incrível como nos tornamos cegos aos objetos e pessoas do nosso ambiente. Este exercício de mindfulness resgata o senso de ligação com o seu mundo conhecido, o mundo onde você passa os dias.
>
> **SE QUISER IR MAIS FUNDO:** desenhe o objeto ou parte dele, lembrando que o mais importante não é a qualidade do produto final, mas o redespertar da sua consciência. Se preferir, siga a crescente tendência de fotografar conscientemente, e faça fotos do objeto por vários ângulos.

EM ATIVIDADE

A RESPIRAÇÃO DOS OUTROS

PRÁTICA: ao falar com outra pessoa, preste atenção à respiração dela.

COMENTÁRIO: a observação mantém a sua atenção na conversa, mostrando a diferença entre ouvir e escutar. A respiração carrega tanto dos nossos sentimentos e da nossa história, que tomar consciência dela é comunicar-se profundamente, além das palavras. Há quem respire de maneira óbvia. Outros, porém, são mais sutis. Se você pratica mindfulness, já tem consciência da própria respiração. Estender essa consciência – discretamente – à respiração do outro enriquece a sua participação no encontro.

SE QUISER IR MAIS FUNDO: nos tempos atuais, as conversas costumam ser rápidas. Procure esticar um pouco a conversa, para poder observar a respiração da outra pessoa. Trata-se de estar presente, em vez de operar no modo "quando é que eu posso sair daqui?".

Capítulo 9

MINDFULNESS – CONSCIÊNCIA PLENA NOS RELACIONAMENTOS

Relacionamentos são padrões. Não que sejam apenas isso, mas para os nossos objetivos, ajuda muito ter em mente que todo relacionamento obedece a um padrão, e o padrão se transforma em hábito – de olhar determinada pessoa, pensar nela e falar com ela sempre do mesmo modo. Diferentemente, a prática de mindfulness nos incentiva a deixar de lado padrões gastos e ver os relacionamentos com novos olhos. É o que este capítulo vai mostrar.

A PAUSA CONSCIENTE

É conhecida a frase: "Tolos correm para lugares onde anjos temem pisar." Os anjos devem ter aprendido o valor da pausa consciente. Boa parte da prática de mindfulness envolve interromper o corre-corre da vida, mas inclui uma pausa na interação com o parceiro – ou a parceira. Veja alguns exemplos:

- Ao reencontrar o parceiro, depois de um dia de trabalho, pare e observe como ele está, antes de lançar mecanicamente um cumprimento.
- Se estiver a ponto de fazer uma crítica, pare e pense se as críticas anteriores deram resultado. Se não deram, por que piorar as coisas, com novas censuras? Existe um modo mais delicado de falar? Terapeutas de casais dizem que, ao criticar o parceiro, deve-se empregar o máximo de delicadeza. Pode parecer uma atitude óbvia, mas é ignorada frequentemente. Quem pratica mindfulness nos relacionamentos abre espaço para começar com delicadeza uma conversa difícil.

- Segundo estudiosos dos relacionamentos interpessoais, a maior parte das diferenças a longo prazo entre parceiros nunca se resolvem. Portanto, discutir antigas questões familiares é, frequentemente, pura perda de tempo. Talvez o outro diga alguma coisa sobre o seu comportamento que nem mereça uma argumentação, fazendo com que você precise, de vez em quando, livrar-se dessas opiniões negativas – como o cachorro que se sacode para tirar do pelo o excesso de água. Isso é diferente de permanecer indiferente ou manter um silêncio defensivo, e a prática de mindfulness ajuda muito.

- Todo mundo já se arrependeu de ter dito alguma coisa que veio a piorar uma situação. Parece que, de vez em quando, esquecemos que o silêncio é de ouro – nem que seja pelos poucos segundos que levaríamos para substituir uma resposta infeliz por outra mais construtiva. A prática de mindfulness melhora a habilidade de identificar a oportunidade de fazer aquela pausa consciente, antes que seja tarde demais.

> **EM POUCAS PALAVRAS:** Uma pausa consciente, antes de falar ou agir, pode mudar completamente – e para melhor – o tom de um relacionamento.

OLHE PARA O PARCEIRO (OU PARCEIRA)

Já lhe aconteceu de percorrer o mesmo caminho inúmeras vezes sem notar determinado aspecto, até que alguém o aponte? É o efeito amortecedor do hábito. E também pode acontecer com pessoas. Se você está com alguém há muito tempo, pense: tem olhado para ele (ela) ultimamente? Tem olhado de verdade, com atenção, para essa pessoa que acompanha você na jornada da sua única vida? Ou tem olhado apenas para aquela imagem antiga e desbotada que guarda na mente?

Experimente olhar o parceiro com novos olhos – conscientemente, melhor dizendo – e sinta a diferença.

> **EM POUCAS PALAVRAS:** Sem usar o filtro (ou venda) formado pelos padrões e experiências anteriores, olhe para o seu parceiro. Olhe, apenas.

OUVIR COM MINDFULNESS – CONSCIÊNCIA PLENA

Lembre-se de uma vez em que alguém tenha escutado você com atenção. Foi muito bom, não? Não se trata necessariamente de a outra pessoa fazer alguma coisa por você; o prazer está em ter quem nos ouça, apenas. Isso é o que se alcança ao ouvir conscientemente. Veja como.

- Ouça sem tentar articular mentalmente uma resposta. Ouça, apenas.
- Imagine-se ouvindo com a atenção, e não com os ouvidos.
- Falar com alguém que não olha para nós é uma experiência horrível. Na audição consciente acontece justamente o inverso. Olhe para o rosto e os olhos do seu interlocutor. Claro que não me refiro a um olhar fixo, mas ao direcionamento da atenção. Se a outra pessoa falar muito, e você tiver dificuldade em se concentrar, desvie 10% da atenção para a sua respiração. Isso ajuda a manter o equilíbrio e uma postura amigável.
- Observe as suas reações físicas enquanto escuta o outro falar. Às vezes, a atenção a essas reações torna as suas respostas mais conscientes.

> **EM POUCAS PALAVRAS:** Conceda às outras pessoas o dom da sua atenção. Preste atenção ao que dizem e como dizem.

FALAR COM MINDFULNESS – CONSCIÊNCIA PLENA

Já aconteceu de as suas palavras serem mal entendidas? Claro que sim. E já aconteceu de você dizer alguma coisa que, sem intenção, tenha magoado outra pessoa? Falar com mindfulness é uma questão de prestar atenção ao que se diz e como. Se observar bem, você vai ver que existem palavras úteis e inúteis, e perceber melhor o risco de dizer alguma coisa que piore a situação. Essa consciência lhe proporciona a oportunidade de tentar se corrigir.

> **EM POUCAS PALAVRAS:** Falar sabendo o que diz é fazer um discurso útil.

RECICLAGEM DE RESSENTIMENTOS

Existem comportamentos que tornam a vida menor e pior. Um deles é cultivar ressentimentos. Pense em um triângulo: em uma ponta, a lembrança do fato; na segunda ponta, a raiva ou a amargura; e na terceira, a história contada e recontada sobre a maldade da pessoa responsável. É essa terceira ponta que alimenta o ressentimento e pode envenenar a sua vida.

É possível evitar o ressentimento? Não. Mas uma abordagem consciente é aceitar que nada há a fazer em relação às duas primeiras pontas do triângulo. Frequentemente – talvez todo dia – alguma coisa vai fazer você lembrar o motivo do ressentimento, despertando sentimentos desagradáveis: raiva, desânimo ou alguma outra resposta negativa. O fato aconteceu e ponto. No entanto, você pode decidir interromper o desenrolar dessa história, ainda que ela já esteja sendo encenada na sua cabeça. É preciso ter cuidado. Não estou sugerindo que você expulse da mente todos os pensamentos relativos ao assunto; isso, além de não funcionar bem, pode torná-los mais frequentes. Você precisa ser capaz de reconhecer silenciosa e rapidamente a lembrança, mas sem revivê-la. Não reveja as cenas, não crie novos diálogos nem se imagine incessantemente mudando para melhor o final da história. Reconheça e deixe em paz a realidade. Essa abordagem possibilita a extinção do ressentimento, permitindo que você aproveite melhor o presente.

> **EM POUCAS PALAVRAS:** Tome consciência dos ressentimentos, mas não fique remoendo a história. Preste atenção às sensações físicas correspondentes (que desaparecem) e concentre-se no que estiver fazendo.

BEM-QUERER

Esta é uma versão da meditação compassiva, uma antiga prática chamada "Loving Kindness", que pode ser muito benéfica, desde que usada com a frequência conveniente durante poucos minutos. Veja como funciona.

Imagine à sua frente uma pessoa que você admira ou de quem gosta. Procure sentir intensamente boa vontade e bem-querer em relação a ela. Imagine-se dizendo: "Seja feliz, fique bem." Lembre que, assim como você, ela quer viver experiências felizes, e, assim como você, viveu experiências tristes. Fique bem.

Depois de alguns momentos, aquela pessoa é substituída por outra: você. Imagine-se diante de você. Procure sentir por você a mesma boa vontade que dedicou àquela pessoa. Deseje ficar bem.

Chega uma terceira pessoa e senta-se no mesmo lugar – aquela por quem você nutre sentimentos negativos. Não precisa escolher para isso o seu pior inimigo; basta alguém que lhe desperte sentimentos negativos ou uma opinião desfavorável. Veja se consegue sentir simpatia. Em silêncio, deseje a ela coisas boas. Caso ache difícil demais, redirecione para você os sentimentos favoráveis.

Essa prática se mostra benéfica em muitos aspectos. Ao desejar o bem para os outros, você se livra do papel de vítima. Ainda que sob a opressão de forças externas, esses minutinhos de bem-querer representam um alívio. Experimente algumas vezes e veja se gosta.

Certa vez, usei esse exercício com alguém que me causara aborrecimento, mas fazia parte da minha vida profissional. Assim, afastei da mente os ressentimentos, mantive o foco e obtive ótimos resultados.

> **EM POUCAS PALAVRAS:** A meditação compassiva retira você do papel de vítima, acionando o modo "doação". Isso provoca sensação de bem-estar. Caso só haja tempo para visualizar uma pessoa, tudo bem.

> **EM RESUMO:** Neste capítulo vimos que a prática de mindfulness pode melhorar de várias maneiras os relacionamentos – com os outros e conosco. Em particular, os exercícios nos ajudam a buscar novos pontos de vista e novos modos de interagir, contribuindo para que não sejamos envolvidos por antigos ressentimentos.

EM ATIVIDADE

QUE QUALIDADE ESTOU TRAZENDO?

PRÁTICA: de vez em quando pare e se pergunte: "Que qualidade estou trazendo para este momento?"

COMENTÁRIO: o interessante é que não há necessidade de resposta. A própria pergunta afasta você, por um momento, do redemoinho de acontecimentos e emoções. Ao tomar consciência das suas reações, você pode mudá-las. A possibilidade é especialmente útil se as reações forem padronizadas, com base em antigos eventos que já não têm tanta importância.

SE QUISER IR MAIS FUNDO: fique em silêncio por mais um tempo e pergunte-se: "Eu poderia adotar uma atitude mais conveniente ou habilidosa?" Não precisa fazer uma análise detalhada. Se houver uma alternativa melhor, é provável que você pense nela de imediato.

EM ATIVIDADE

USE O QUE JÁ APRENDEU

PRÁTICA: pare e observe a sua respiração. Repare na postura – o seu jeito de sentar-se, ficar de pé, andar, correr ou deitar-se. Em seguida, preste atenção aos sons do ambiente. Então, respire novamente.

COMENTÁRIO: mindfulness é uma prática frequentemente descrita como "estar no agora". No entanto, "agora" pode ser uma ideia abstrata, e, no momento em que se chega ao agora, ele se foi. É mais proveitoso pensar em mindfulness como "atenção ao que os sentidos nos trazem". Esse exercício simples faz isso em menos de um minuto. Se você preferir, porém, pode estender mais. Só não se esqueça da principal instrução: toda vez que a sua mente mergulhar em pensamentos, chame-a de volta para o que estiver fazendo no momento.

SE QUISER IR MAIS FUNDO: além de reparar na sua respiração e postura, e nos sons do ambiente, preste atenção ao contato do seu corpo com as roupas e dos pés com os sapatos. Veja o que as suas mãos estão fazendo. Não se preocupe em seguir a ordem "certa" nem em cumprir todas as etapas.

EM ATIVIDADE

DECLARE A INTENÇÃO

PRÁTICA: afirme a intenção de praticar mindfulness pelo dia inteiro.

COMENTÁRIO: a prática de mindfulness é intencional. Ninguém se deixa arrastar pela conscientização. Você vai ver que, quanto mais praticar mindfulness, mais consciente será e mais rapidamente conseguirá concentrar a atenção. Tudo depende de agir com determinação, sempre que lembranças, fantasias ou emoções ocuparem a sua mente. A sua intenção de alcançar a consciência plena é suficiente para levar você à zona de mindfulness.

SE QUISER IR MAIS FUNDO: assim que acordar, pela manhã, declare a intenção de ser plenamente consciente durante o dia. Com o passar das horas, renove a intenção uma ou duas vezes. Se tiver um compromisso – social ou de trabalho – diga em silêncio: "Vou praticar mindfulness."

EM ATIVIDADE

ROTULE OS SEUS PENSAMENTOS COMO "PENSAMENTOS"

PRÁTICA: sempre que perceber a sua mente voltada para lembranças, imagens, conversas internas e assim por diante, rotule essas distrações como "pensamentos". Em seguida, volte a observar a sua respiração ou ao que estiver fazendo.

COMENTÁRIO: a rotulagem dos pensamentos (sejam eles quais forem) pode ajudar a interromper a reciclagem de ressentimentos, medos e lembranças inúteis, trazendo você para a realidade do presente. Rotular também ajuda, quando você quer se concentrar em uma tarefa. Neurologistas concluíram que rotular pensamentos negativos contribui para acalmar as emoções; os praticantes de meditação usam o método há séculos.

SE QUISER IR MAIS FUNDO: para exercitar a técnica, sente-se imóvel por alguns minutos e aproveite o tempo para rotular pensamentos e emoções que surgirem na sua mente. Adote um sistema de rotulagem mais preciso – "raiva", "ansiedade" ou "inquietação", por exemplo.

> **EM ATIVIDADE**
>
> ## O QUE A MENTE ME DIZ?
>
> **PRÁTICA:** de vez em quando, pergunte-se: "O que a mente me diz?"
>
> **COMENTÁRIO:** a resposta pode ser surpreendente – o dia, uma pessoa, um problema, um projeto, o tempo – qualquer coisa, em outras palavras. Talvez você descubra que a sua mente exagera as situações, faz queixas desnecessárias ou repete ideias que julgava esquecidas. Faça a pergunta e aprenda sobre os padrões de pensamento que impulsionam você.
>
> **SE QUISER IR MAIS FUNDO:** Depois de perguntar, pare e pense. A sua mente guarda antigas ideias ligadas a situações passadas que não mais se aplicam. Procure encontrar um pensamento mais proveitoso.

Capítulo 10

MINDFULNESS NO TRABALHO

Se grandes empresas oferecem sessões de mindfulness para os empregados, pode-se afirmar, então que mindfulness faz bem aos negócios. Mas os empregados apreciam a prática porque faz bem a eles, também. Portanto, quer trabalhe para alguém ou administre uma empresa própria, este capítulo é para você. Se começar a prática de mindfulness, ainda que em pequenas doses – desde que consistentemente – logo vai notar os benefícios: maior capacidade de manter a cabeça livre, abrindo espaço para a criatividade, e ajudando nas reuniões e nos planejamentos. Para começar, vamos ver como manter a cabeça fria no local de trabalho.

CABEÇA FRIA SOB PRESSÃO

Para a maioria das pessoas, as pressões fazem parte do local de trabalho, seja ele uma loja, uma grande empresa ou uma sala de aula. As pressões que identificamos mais prontamente vêm de fora – o chefe exigente, a carga pesada de trabalho, o atraso na entrega dos suprimentos etc. No entanto, as pressões que a prática de mindfulness mais alivia são aquelas que vêm de dentro de nós. Em geral, adotamos suposições que tornam a vida profissional desnecessariamente mais difícil. Entre essas suposições incluem-se: nunca dizer "não", atender a todas as exigências e ser melhor que todos os outros. No entanto, com um pouco de prática de mindfulness, você percebe melhor essas suposições e se desliga delas – ou melhor, desliga o piloto automático. É a operação em piloto automático que nos leva a dizer mecanicamente "sim", quando deveríamos dizer "não", e nos reduz a uma bola de estresse. O piloto automático é capaz de comandar e arruinar a sua vida profissional.

Para neutralizar a tendência de agir mecanicamente, use as técnicas de mindfulness descritas em várias partes deste livro – em especial nos capítulos 3 e 4. A consciência da respiração e da postura ajuda muito, e perguntas do tipo "O que a mente me diz?" (página 107) e "Que qualidade estou trazendo?" (página 103) podem esclarecer muita coisa.

No que se refere a pressões, procure distinguir entre as que são externas e as que vêm de dentro. Por exemplo: a obrigação de completar uma tarefa supertrabalhosa antes do fim de semana foi imposta pelo chefe, pelos clientes ou por você? Por que não pedir uma prorrogação? Quem é a razão do impedimento – eles ou você? Uma pausa consciente ajuda a identificar os motivos das suas reações e das suas escolhas.

> **EM POUCAS PALAVRAS:** Pratique mindfulness, para sentir-se capaz de *escolher* respostas, em vez de agir cegamente, com base em suposições.

ESPAÇO PARA A CRIATIVIDADE

A mente é um espaço criativo. Pense no que você é capaz de imaginar. Pense nas suas fantasias. Pense nos sonhos tão reais que você tem à noite. Pense nas ideias que surgem quando menos espera.

Então, por que a criatividade é deixada de lado no local de trabalho? Porque quando os padrões de raciocínio e reação se repetem dia após dia, a criatividade é sufocada. Ela não desaparece, mas as ideias têm dificuldade em atravessar o ruído na sua mente consciente. Já mencionei como exemplo uma criança na sala onde um grupo de adultos discute uma questão em voz alta. A criança sabe a resposta, mas o barulho dos adultos abafa a voz dela. É o que acontece às ideias criativas.

A prática de mindfulness abre espaço para que os frutos da sua criatividade cheguem à superfície. Você já conseguiu relaxar de verdade nas férias? Se conseguiu, provavelmente notou que a ausência de desordem na cabeça faz a criatividade vir à tona. Quantas ideias boas e criativas – até revolucionárias – para o presente ou o futuro não terão surgido à beira da piscina?

É mais ou menos o que significa a expressão "dormir sobre o assunto": deixar que a mente processe um problema, sem interferir. Em outras palavras, permitir que o sistema criativo faça seu trabalho. Grandes obras literárias, grandes obras de arte, grandes filmes não resultam da aplicação intensiva de pensamento lógico. Simplesmente surgem e, só então, depois de "nascido o pintinho", necessitam de elaboração e de uma análise lógica. Mas o pintinho não nasce, se a galinha estiver ocupada demais ciscando e não encontrar tempo para chocar o ovo.

> **EM POUCAS PALAVRAS:** Para trabalhar com criatividade pratique mindfulness, abrindo espaço na mente e deixando as ideias surgirem.

NINGUÉM PRECISA SABER!

O interessante da prática de mindfulness é que você não precisa sentar-se à mesa de trabalho em posição de lótus. Em outras palavras, ninguém precisa saber, a não ser que você conte. Claro que, se você tiver na porta da sua sala uma placa onde se lê "Extremamente Importante", pode avisar aos seus assistentes que está em meditação e não quer interrupções. Como esse não é o caso da maioria das pessoas, veja algumas maneiras de praticar mindfulness discretamente:

- De vez em quando, ao sentar-se à mesa de trabalho, tome consciência da sua expiração. Resista à tentação de administrar a respiração. Apenas observe o ar saindo suavemente do seu corpo.
- Tome consciência da sua postura. Procure evitar a tensão nos músculos dos ombros e pescoço.

- Ao circular pelo ambiente, tome consciência do seu andar.
- Você tem um quadro na parede do escritório? Qual foi a última vez em que realmente olhou para ele?
- Leve um pouco de mindfulness ao trabalho no computador e nos outros equipamentos do seu mundo. Por exemplo: adote a prática de digitar as senhas atentamente, em vez de tocar a tela ou o teclado de maneira mecânica, reclamando se alguma coisa dá errado. De vez em quando, desvie os olhos da tela e tome consciência da sua respiração. Sinta o contato dos dedos com as teclas.
- Ao usar o telefone, pegue o aparelho atentamente e tome consciência da sua respiração. Digite os textos conscientemente.

EM POUCAS PALAVRAS: Pratique mindfulness na mesa de trabalho, ao circular pelo ambiente, dar entrada nas senhas ou usar o telefone. Todas essas ocasiões representam oportunidades de aplicar discretamente a consciência plena.

MINDFULNESS EM REUNIÕES

Uma reunião nunca é apenas uma reunião. Para alguns, um exercício de poder; para outros, uma oportunidade de demonstrar que pertencem ao grupo. Algumas pessoas conduzem as reuniões como se estivessem no pátio da escola; outras, como se seguissem delicadamente um ritual. Assim, são muitos os benefícios de manter a mente aberta, com a prática de mindfulness: menor possibilidade de se deixar convencer a aceitar algo que não deveria ser aceito; maior possibilidade de fazer uma pausa e pensar, quando sob pressão.

Os manipuladores podem apelar para depreciação, lisonja, apresentação de meias verdades e outras manobras. Vale a pena estar alerta para essas influências ocultas. Mas como? Reserve 10% da sua consciência para a respiração ou a postura (tanto faz), e as tais influências vão ficar mais nítidas.

Praticar mindfulness por alguns momentos, antes da reunião, ajuda a reduzir o nervosismo. Use a técnica 7/11 – inspirar contando até 7 e expirar contando até 11.

> **EM POUCAS PALAVRAS:** Durante reuniões, tome consciência da sua respiração, proporcionando uma perspectiva do que está acontecendo.

MINDFULNESS – PLANEJAMENTO CONSCIENTE

Mindfulness não é uma questão de se deixar levar, sem rumo, em um barco chamado "agora". Pessoas que ocupam cargos nos quais há muitas tarefas a cumprir se preocupam: "Como planejar, se estou no agora? As coisas não vão fugir ao controle?"

De modo algum. O planejamento pertence ao presente, e não ao futuro. Depois de entender isso – reconhecendo as diferenças entre planejamento, memória e fantasia – você pode praticar mindfulness com ótimos resultados. Digamos que o seu trabalho seja organizar o encontro anual da empresa. No ano passado, você descobriu tarde demais que o estacionamento ficava a mais de 1 quilômetro do hotel. Obrigados a uma caminhada, os participantes chegavam exaustos e mal-humorados. Em relação à conferência deste ano, você diz: "É, foi uma experiência horrível. Nunca mais. Desta vez, vou verificar direitinho onde se pode estacionar." Isso é planejamento consciente. Por outro lado, ficar repetindo para si a história, passo a passo, isso é memória. Respeitar a diferença entre as duas situações pode afetar fortemente a eficácia do seu planejamento e a sua capacidade de planejar sem estresse.

O mesmo se aplica à fantasia. Suponha que você tenha reservado um hotel à beira de um rochedo, voltado para o oceano Atlântico, porque preferia um local interessante e diferente. Mas a sua imaginação viaja: E se o aquecimento global causar a erosão do rochedo? E se o hotel desabar sobre o oceano, com todos os hóspedes dentro, enquanto você observa, sem poder ajudar? Isso não é planejamento; é fantasia. Agendar uma visita ao hotel, verificar a segurança das instalações, isso é planejamento.

Experimente isto: organize uma lista das suas principais tarefas para a próxima semana. Pense em quando devem ser cumpridas e qual a ordem de prioridade. Sempre que a sua mente se desviar para a memória ou a fantasia, chame-a de volta ao planejamento, de maneira delicada porém firme. Desenvolva o planejamento consciente, e vai ficar em boa posição, na vida profissional e familiar.

> **EM POUCAS PALAVRAS:** Sempre que a sua atenção buscar uma memória ou fantasia, chame-a de volta para a tarefa em curso – criar um planejamento consciente.

> **EM RESUMO:** A prática de mindfulness ajuda a manter a cabeça fria no ambiente de trabalho, e isso pode ser feito sem interferir nas suas funções e sem que ninguém perceba. Os benefícios serão notados em interações, planejamento, criatividade e muitos outros aspectos da vida profissional. E mais: esses benefícios vão se refletir na sua vida social.

> **EM ATIVIDADE**
>
> ## MINDFULNESS NA MESA DE TRABALHO
>
> **PRÁTICA:** À mesa de trabalho, pare por alguns momentos e observe o ambiente à volta. Ouça os sons. Faça isso de maneira uniforme, sem dar maior atenção a determinado aspecto.
>
> **COMENTÁRIO:** a pausa lhe dá a oportunidade de identificar e relaxar algum ponto de tensão no corpo. Você está às voltas com um problema que precisa de uma solução criativa? Se for o caso, pode ser (acredita-se) que a solução esteja à espera, no seu subconsciente. Dê a ela a oportunidade de surgir e ser reconhecida. A pausa também permite que você escape do redemoinho dos seus pensamentos. E, se tem o hábito de trabalhar até tarde da noite, a pausa pode ser o espaço de que precisa para perceber que é hora de encerrar e ir para casa!
>
> **SE QUISER IR MAIS FUNDO:** quando fizer uma pausa e olhar em torno, tome consciência do seu corpo na cadeira, da sua postura e respiração. Sinta os pés em contato com o chão. Tudo isso ajuda a melhorar a presença de espírito em situações de trabalho.

Capítulo 11

MINDFULNESS E DESGASTE EMOCIONAL

Não parece estranho que se evite falar sobre ansiedade e depressão, quando essas são, na verdade, experiências universais? Felizmente, a prática de mindfulness pode ser útil nas duas situações, ainda que as pessoas afetadas por elas não comentem o assunto. Vamos começar pela ansiedade e pelos ataques de pânico. Em seguida, vamos ver como a prática de mindfulness pode ajudar nos casos de depressão, protegendo em especial contra as recaídas. Vamos tratar ainda de questões relativas a sofrimento, perda e *bullying*.

ANSIEDADE

Como você provavelmente sabe, a ansiedade carrega aspectos mentais, emocionais e físicos, todos bastante claros quando somos afetados: pensamentos sobre o que vai acontecer (ou não) no futuro circulam na nossa mente; com a parte emocional atingida, nos sentimos amedrontados; com a tensão, podemos adoecer fisicamente. Mas a prática de mindfulness representa uma possibilidade de ajuda. Com uma abordagem consciente, aceitamos os sentimentos e as sensações físicas, e decidimos que não nos deixaremos levar pelas histórias assustadoras que a mente quer contar acerca do futuro. Digamos que você tenha uma consulta com o seu médico às 9 horas de segunda-feira, para saber o resultado de um exame importante. Faz sentido imaginar que a ideia da consulta vai tomar a sua cabeça por todo o fim de semana. Se não se opuser a isso, a sua mente vai criar uma série infinita de catástrofes. Com a prática de mindfulness, porém, você reconhece a preocupação e, em seguida, dirige a atenção para as sensações físicas causadas por ela. Assim, ainda que sinta uma pontada de medo, por causa da consulta de segunda-feira, não vai acompanhar as histórias contadas pela mente. Você reconhece a sensação física e segue adiante. A mente é capaz de criar histórias sem fim, mas as sensações físicas vêm e vão. É mais proveitoso tomar consciência da manifestação física da ansiedade do que perder-se em pensamentos sobre a emoção.

Como já foi dito, não se trata de eliminar as emoções. Estou falando em desenvolver a habilidade de tolerar os próprios sentimentos desconfortáveis, para não ter a vida restringida por eles. Por exemplo: se você não suporta a ideia de viajar de avião, talvez descarte muitos destinos para férias ou trabalho e perca importantes eventos familiares ou profissionais. No entanto, se consegue reconhecer o medo e resistir a ele, livra-se da paralisia. A habilidade de tolerar os próprios sentimentos desconfortáveis é importantíssima – libertadora, na verdade. Em caso de medo extremo, talvez seja necessária uma terapia adicional, mas quase sempre vai envolver certo grau de tolerância consciente. A prática de mindfulness é suficiente para muitos dos nossos sentimentos comuns de desconforto ou nervosismo.

(**Nota:** Claro que não estou sugerindo que você ignore aquela vozinha de advertência, quando parecer estar a ponto de tomar alguma atitude imprudente ou perigosa.)

> **EM POUCAS PALAVRAS:** Se houver alguma coisa útil que você possa fazer a respeito das situações que lhe causam ansiedade, faça. Se nada houver a fazer, evite o hábito de repetir na sua mente pensamentos negativos e panoramas assustadores. Substitua esse hábito pela conscientização das sensações físicas, da respiração ou da tarefa do momento.

Ataques de pânico. Os ataques de pânico podem incluir dificuldade de respirar, taquicardia, suores, medo de cair e náusea, entre outros sintomas. São frequentemente irracionais e impossíveis de prever. E muito desagradáveis. O pânico não escolhe lugar: centro comercial, escritório, rua movimentada ou até em casa. Se você já sofreu uma dessas crises – ou várias – sabe que a principal consequência negativa é o cerceamento da liberdade. Essa limitação ocorre quando o indivíduo tenta evitar as situações que lhe parecem propícias a um ataque de pânico. Um cenário típico é quando ele nota o que parecem ser os primeiros sinais de uma crise iminente e procura deixar o local o mais rápido possível. A perspectiva da consciência plena sugere que a maneira de lidar com um ataque de pânico é não deixar que ele determine o seu comportamento: resistir sem fugir. Em outras palavras, aceitar.

O ataque de pânico pode não ter uma causa na realidade externa. Talvez se deva a um pico de ansiedade ou até a uma alteração nos níveis de dióxido de carbono na corrente sanguínea, que também é um evento passageiro. Para enfrentar efetivamente um ataque de pânico, experimente as seguintes estratégias:

- Decida que, em vez de tentar fugir, você vai observar o ataque de pânico começar e terminar (pode levar cerca de vinte minutos).
- Em vez de dizer coisas do tipo "Que horrível", procure dizer: "É desagradável, mas não é o fim do mundo." Ou afirme: "Vai passar."
- Tente respirar o mais normalmente possível. Respirar com sofreguidão pode piorar as coisas.
- Lembre-se de que muito provavelmente ninguém percebe o seu ataque de pânico.

EM POUCAS PALAVRAS: Aprender a tolerar ataques de pânico, observando como vêm e vão, proporciona a você maior controle sobre os lugares aonde vai e o que faz.

DEPRESSÃO

Uma vez que esta é uma condição que muita gente tem medo de abordar, podem permanecer na nossa cabeça as dúvidas quanto às causas da depressão. Isso já é um problema, pois o hábito de remoer dúvidas está ligado à depressão. Em outras palavras, nossa resposta às vezes piora a situação.

Acontecimentos muito perturbadores podem causar depressão, em especial se envolverem perdas – de uma pessoa, uma posição ou da casa. Trata-se de uma reação natural, até certo ponto. Potencialmente incapacitante é a depressão recorrente. Três ou mais surtos indicam alto risco de novo episódio no período de um ano.

De acordo com o trabalho pioneiro do professor Mark Williams, da Oxford University, a prática de mindfulness – a consciência plena – tem muito a oferecer aos que são apanhados nesse círculo vicioso. Williams concluiu que tal prática é capaz de oferecer proteção substancial contra as repetições das crises. Assim, desenvolveu uma terapia cognitivo-comportamental com base na consciência plena que reduziu as recaídas em 50% ou mais. Esse ótimo resultado se repetiu em vários estudos. Embora o tratamento envolva atendimentos semanais por um período, os resultados sugerem que a prática de mindfulness, conforme descrita neste livro, é benéfica para quem sofre de depressão.

Portanto, se houver um grupo de mindfulness perto de você, pense na possibilidade de juntar-se a ele para treinar essa valiosa habilidade. Caso não encontre um desses grupos, use este livro e os recursos que encontrar na internet. No YouTube, há várias apresentações do professor Williams. Se quiser, inscreva-se no meu site www.padraigomorain.com e receba por email "dicas" diárias sobre mindfulness.

Lembre-se do ponto principal: para colher os benefícios, pratique mindfulness quando não estiver em depressão. Assim, é bem menos provável que fique remoendo os seus problemas e bem mais provável que se torne uma pessoa mais ativa. Essas duas situações ajudam a proteger contra a depressão.

> **EM POUCAS PALAVRAS:** Pratique mindfulness entre uma e outra crise de depressão, para reduzir o risco de recaída.

TRISTEZA E PERDA

A prática de mindfulness não manda a tristeza embora. Mas em algum momento a tristeza diminui o suficiente para permitir a retomada da rotina diária. É então que a consciência plena pode ser especialmente útil.

A consciência plena deixa que você viva a dor da perda, enquanto mantém contato com o que o presente tem a oferecer. Talvez você precise se permitir o reengajamento no presente, pois as pessoas que sofrem às vezes se sentem culpadas por voltarem a aproveitar a vida. Então, de posse da permissão, você consegue ver o que acontece no aqui e agora.

No momento adequado, a prática de mindfulness ajuda a interromper o pensamento constante na perda, com o importante efeito de impedir a transformação de tristeza em depressão.

A prática de mindfulness incentiva a conscientização do que acontece no presente – respiração, ambiente, sons, caminhada, posição das mãos etc. Essa retomada de consciência propicia o resgate da paz.

Com a prática de mindfulness você se concede a reconexão com o mundo e com a alegria, que ainda pode fazer-lhe uma visita, talvez inesperada.

> **EM POUCAS PALAVRAS:** Depois de viver o luto por algum tempo, permita-se expandir a consciência, para incluir o mundo externo. Deixe que a perda se torne parte da sua experiência, em vez de ser a própria experiência.

BULLYING NA ESCOLA OU NO AMBIENTE DE TRABALHO

Emocionalmente, o *bullying* – intimidação repetida – machuca de três maneiras: antes, durante e depois. O indivíduo que espera sofrer *bullying* não alcança o melhor desempenho no trabalho, não consegue dormir nem comer; durante o evento, sente-se pressionado e assustado; e no decorrer do dia, ao remoer o acontecido, resta-lhe pouca energia para a vida social, e ele talvez recorra ao álcool ou às drogas.

Conselhos sobre uma abordagem abrangente ao *bullying* fogem ao propósito deste livro, mas a prática de mindfulness pode ajudar nessa situação angustiante. Com o retorno consciente ao agora tantas vezes quantas forem necessárias, reduz-se a frequência com que as emoções são definidas pela antecipação ou pelas lembranças. Experimente a respiração 7/11 (página 27) ou uma caminhada consciente (página 41). O importante é transferir a atenção, das cenas de *bullying* para a respiração, a caminhada ou alguma outra atividade.

Durante o episódio, desviar uma parte da atenção para o ato de respirar pode ajudar a manter a presença de espírito, caso queira responder com assertividade ao intimidador. A habilidade de responder assertivamente depende da situação, mas estes são bons exemplos de respostas: "Eu prefiro que você não grite comigo em público"; "O que exatamente lhe dá o direito de falar assim comigo?" Às vezes, o intimidador é surpreendido e abandona seu comportamento desagradável, quando o alvo de suas ações não assume o papel de vítima e demonstra firmeza.

O *cyberbullying* – *bullying* virtual –, que tanto acontece com adultos quanto com crianças, afeta as emoções de quem serve de alvo. Embora não elimine o sofrimento, a prática de mindfulness contribui para acalmar as emoções e clarear a mente, de modo que as opções fiquem mais nítidas. Entre os exercícios de conscientização, incluem-se bloquear o remetente, respirar antes de abrir o texto ou limitar o tempo de permanência nas mídias sociais, até que o provocador se canse e desista.

EM POUCAS PALAVRAS: Em vez de reciclar na mente as cenas de *bullying* vividas, pratique mindfulness.

EM RESUMO: A prática de mindfulness é capaz de contribuir muito favoravelmente para a sua relação com o sofrimento emocional. Com o tempo, você vai perceber os benefícios. Essa prática, no entanto, nem sempre afasta os causadores do sofrimento; o que diminui é a influência deles sobre você.

> **EM ATIVIDADE**
>
> ## CONTROLE DAS MUDANÇAS DE HUMOR
>
> **PRÁTICA:** repare no seu estado de espírito, sem se deixar levar pelos pensamentos.
>
> **COMENTÁRIO:** estados de espírito vêm e vão, como nuvens no céu. Tentar descobrir a razão de determinado humor é, em geral, perda de tempo; melhor guardar energia para as atitudes a serem tomadas. Pensar detidamente sobre a negatividade arrasta você ainda mais em direção a ela. Concentre-se no que precisa ser feito, e talvez o seu humor melhore por si.
>
> **SE QUISER IR MAIS FUNDO:** pegue uma fotografia de alguém que signifique muito para você. Observe o que sente, sem repetir histórias sobre ela ou o relacionamento.

EM ATIVIDADE

ABRA ESPAÇO PARA AS PEQUENAS FELICIDADES

PRÁTICA: decida agir conscientemente, para apreciar as pequenas felicidades da vida, quando acontecerem.

COMENTÁRIO: o filantropo britânico Thomas Horsfall disse que "a maior felicidade que um ser humano pode alcançar é viver muitos grandes episódios de pequenas felicidades". A maioria das pessoas experimenta pequenas situações felizes, mesmo quando a vida se nega a oferecer uma felicidade "de peso". O sol da manhã sobre as árvores, uma música que toca no rádio, um momento de sossego são breves momentos felizes; será uma grande perda, se os deixarmos passar despercebidos. Com a prática de mindfulness, você começa a percebê-los e a se deixar enriquecer por eles.

SE QUISER IR MAIS FUNDO: dedique-se por algum tempo a procurar "pequenas felicidades" em casa: as belas formas de um objeto, a harmonia de certos ambientes, por exemplo. Adote o hábito de prestar atenção neles, sabendo que não serão seus para sempre.

EM ATIVIDADE

PROLONGUE A SENSAÇÃO DE BEM-ESTAR

PRÁTICA: na próxima vez em que se sentir bem, conecte-se com essa sensação por algum tempo.

COMENTÁRIO: essa prática contraria a tendência de não valorizar as boas sensações, concentrando-se nas ruins. Dê atenção às boas sensações. Onde elas se localizam no corpo? De vez em quando volte a tocar o local. Não precisa apegar-se a ele, porque as sensações sempre mudam, nem analisar minuciosamente. Apenas tome consciência de que esse ponto existe e esteja disponível.

SE QUISER IR MAIS FUNDO: observe a natureza da sensação. Ela traz alguma energia? Como é tomar consciência dela? Consegue pensar em uma imagem correspondente? Repare que não se trata de uma análise intelectual, mas de um modo de "estar com" a sensação.

Capítulo 12

UM MÊS DE MINDFULNESS

O calendário mostrado a seguir oferece um meio rápido e fácil de lembrar a prática diária de mindfulness. Veja qual é a sugestão correspondente ao dia do mês (1 a 31). Depois de usar o calendário por algum tempo, você vai se perceber mais consciente, com resultados positivos para o bem-estar e a redução dos níveis de estresse.

1

Respire o momento. A sua respiração não está no passado nem no futuro. Está no momento atual. Sempre que toma consciência da respiração, você pratica mindfulness.

2

Pelo menos três vezes, durante o dia de hoje, pare e faça um rápido passeio pelo seu corpo. Direcione a sua atenção, do alto da cabeça aos dedos dos pés. Depois de completar o passeio, permaneça em repouso por alguns instantes, consciente da sua respiração.

3

Ajuste o despertador: pratique mindfulness de hora em hora. Este é um modo fácil de lembrar a prática de mindfulness. De hora em hora, concentre-se no que se passa no momento. Por exemplo: respiração, postura, sons do ambiente.

4

De vez em quando, pare e pergunte-se: "O que a minha mente me diz sobre isto?" A resposta imediata pode ser surpreendente. Talvez você descubra que a sua mente exagera situações, faz queixas desnecessárias ou repete antigas ideias que julgava esquecidas. De posse desse conhecimento, você tem condições de se distanciar e fazer escolhas melhores.

5

Reserve alguns momentos para tomar consciência da pausa entre uma expiração e a inspiração seguinte. Para perceber essa pequena pausa, é preciso ficar imóvel e prestar atenção. Experimente, sem tentar controlar nem estendê-la. Observe como tudo acontece naturalmente.

6

Lembre-se de que a sua felicidade provavelmente não depende das suas atuais preocupações. Quando uma situação do dia a dia lhe despertar aborrecimento ou ansiedade, lembre que a sua felicidade não depende dela. Em uma semana, o fato provavelmente estará esquecido. Diga silenciosamente: "Minha felicidade não depende disso."

7

Hoje faça um pouco mais devagar algumas das suas atividades. Existem coisas que você pode fazer mais devagar, sem que alguém perceba. A lentidão favorece a prática de mindfulness. Entre as atividades que podem ser feitas mais devagar estão: lavar as mãos, abrir portas e dar entrada em senhas.

8

Tome consciência da sua postura. Frequentemente nos sentamos ou ficamos de pé sem tomar consciência das nossas posições. A simples conscientização desse fato traz a sua atenção para o momento presente, e os efeitos permanecem.

9

De vez em quando, dirija a atenção para os seus ombros e relaxe-os. Ficamos com os ombros tensos inconscientemente, em especial nos momentos de pressa, concentração ou ao volante. Dar atenção aos ombros favorece a conscientização e reduz a tensão física.

10

Reconheça o momento dourado da prática de mindfulness. A prática de mindfulness possui um momento dourado: quando você percebe que a sua mente "viajou". É então que precisa trazê-la de volta, concentrando-se na respiração, no corpo ou na atividade do momento. Esse controle da atenção fortalece a capacidade de praticar mindfulness na vida diária.

11

Beba café ou chá conscientemente. Prestar atenção ao que faz é ser consciente. Hoje, procure tomar consciência do ato de tomar café, chá ou alguma outra bebida. Além de praticar mindfulness, você vai apreciar melhor a bebida.

12

Use a prática de mindfulness para organizar a mente. Já teve a impressão de que a sua mente está em todo lugar ao mesmo tempo? A consciência da respiração traz você de volta ao momento presente. O exercício funciona melhor se você se concentrar no local onde sente a respiração – as narinas, por exemplo.

13

Tome conhecimento dos momentos agradáveis. Temos o hábito de desconsiderar os momentos agradáveis, dirigindo a atenção para as frustrações. De vez em quando pare e reconheça os pequenos prazeres do dia. Não deixe que eles passem despercebidos.

14

No dia de hoje, caminhe sem pressa desnecessária e preste atenção ao seu andar. No local de trabalho ou nas compras, costumamos andar tensos, como que empurrados por alguém. Procure andar de maneira relaxada, consciente do que se passa em volta, inclusive dos sons. Isso pode ser feito, mesmo que você precise andar rapidamente.

15

Escolha um dos sentidos como lembrete de praticar mindfulness o mais frequentemente possível. Mindfulness, em geral, envolve os sentidos, pois é difícil ser consciente de outro modo. Hoje, dê atenção aos seus movimentos corporais ou a um dos seus sentidos. Dê preferência àquele que costuma receber menos a sua atenção.

16

Use a conscientização da postura como porta de entrada rápida e fácil para o estado de mindfulness. De vez em quando, tome consciência da sua posição: de pé, andando, sentada ou deitada. Além de relaxante, esse é um modo muito bom (e tradicional) de entrar em estado de mindfulness. Lembre-se de que o seu corpo não está no passado nem no futuro; está aqui, agora mesmo.

17

Pratique a arte de esperar conscientemente. Com frequência somos obrigados a esperar. Em vez de considerar essas situações "tempo perdido", podemos usá-las para a prática de mindfulness. Aproveite as oportunidades para dar atenção à respiração ou à postura. Deixe a mente livre, pelo menos por alguns momentos.

18

Faça uma pausa para reparar na respiração, na postura, nos sons do ambiente e outra vez na respiração. Pratique essa "revista" rápida, agora e novamente ao longo do dia. O exercício não demora muito, e é capaz de levar você diretamente, das preocupações e aborrecimentos do dia a dia, para o contato com o momento presente. Além disso, favorece a presença de espírito nas atividades de rotina.

19

Quando se sentar, verifique o que acontece com o seu corpo. Ao sentar-se, você pode, sem perceber, adotar uma postura descuidada ou tensa. Se voltar a atenção para o seu corpo de vez em quando, durante o dia, vai notar isso. A consciência do próprio corpo favorece a presença de espírito.

20

Encontre um espaço propício à prática de mindfulness. Escolha um local aonde você vá por várias vezes ao dia – a cozinha, o banheiro, o refeitório da empresa, por exemplo. Pratique mindfulness quando estiver nesse espaço.

21

Durante o dia, pergunte-se: "Qual é a minha intenção?" Conhecer as próprias intenções é uma antiga e útil prática de mindfulness. A alternativa seria deixar-se levar sem rumo. Comece pelas questões simples da vida diária. Por exemplo: "O que vim comprar nesta loja?"

22

Use as inconveniências de hoje para desenvolver a prática de mindfulness. Quando se está consciente, as inconveniências e frustrações do dia a dia não parecem tão importantes. Procure lidar conscientemente com o trânsito, as necessidades da família, as exigências do chefe, as entregas atrasadas, o mau tempo etc. Uma sugestão prática é evitar os diálogos interiores sobre como são terríveis as inconveniências do dia.

23

Aprecie uma eventual sensação de felicidade, sem entrar em detalhes. Se prestar atenção, você vai perceber que, de vez em quando, no decorrer do dia, sente-se feliz. Uma vez que a felicidade vem e vai, um bom recurso para melhorar a qualidade da experiência é conscientizar-se dela enquanto durar, mas sem apego.

24

Quando a sua imaginação viajar, afastando você da realidade do momento, volte à prática de mindfulness. As suas reações não resultam apenas dos acontecimentos. Elas incluem também lembranças, pensamentos e sensações físicas. Ao perceber uma distração, tome consciência da sua respiração ou do seu corpo, abrindo assim espaço para ver as suas escolhas.

25

Conceda às emoções negativas o tempo necessário. Toda vez que sentir ao longo do dia frustração, ansiedade ou aborrecimento, permita-se experimentar a sensação física que acompanha essas emoções. Fique fora do drama sobre elas que se passa na sua cabeça. Dê tempo ao tempo, para que a emoção desapareça.

26

De vez em quando, dirija a atenção para o seu ponto de ancoragem – a parte do corpo onde melhor sente a respiração. Talvez esse ponto fique nas narinas, na garganta, no peito ou na barriga. Quando estiver só, dirija a atenção para lá por alguns momentos. Nas reuniões de trabalho, tome consciência do ponto de ancoragem, para conseguir algum distanciamento.

27

Tome consciência de tudo que comer. Aproveite hoje as muitas oportunidades de prática de mindfulness oferecidas pelas refeições. Com isso, vai apreciar melhor a comida. Repare no gosto, na textura e no aroma. Coma um pouco mais devagar.

28

Preste atenção ao que as suas mãos fazem. Ao lavar as mãos, observe a temperatura da água e a sensação causada pela espuma do sabonete. Toque o seu rosto. As mãos estão mais frias ou mais quentes agora?

29

Pare de pensar em questões que não pode resolver. Tal como todo mundo, você tem questões do passado recente ou distante que nunca serão resolvidas. Livre-se da tendência a pensar nelas, tentando inutilmente encontrar solução. Em vez disso, concentre-se na sua respiração ou no que estiver acontecendo no momento.

30

Declare que vai praticar mindfulness hoje. Afirme a intenção de praticar a consciência plena de manhã, à tarde e à noite. Essa decisão basta para levar você ao momento presente. O que normalmente acontece no início da manhã, da tarde e da noite? Use esses acontecimentos como lembretes da sua intenção.

31

Ao conversar com uma pessoa – ou, ao menos, olhar para ela – afaste-se das opiniões ou das histórias que costuma repetir a respeito dela. Por um momento, mantenha pressionada a tecla "pause", interrompendo os comentários que faz sobre ela na sua mente. Incorpore a curiosidade ao seu relacionamento com pessoas conhecidas. Não suponha saber o que elas pensam.

Capítulo 13

DEZ ESTRATÉGIAS PARA A PRÁTICA DIÁRIA DE MINDFULNESS

Nesta seção você vai aprender mais sobre mindfulness: aplicar os exercícios a situações comuns da vida diária; encontrar tempo para a prática, sem interromper as atividades; aprender técnicas para não esquecer de praticar.

1. DIAS MOVIMENTADOS

Já teve um dia movimentado? Eu também já tive. Certa vez, em um dia "daqueles", quando a minha lista de tarefas parecia mais complicada do que nunca, me veio a ideia de que a única maneira de preservar alguma paz de espírito era ser muito, muito consciente. Então, aprendi a aplicar uma técnica de mindfulness chamada "atenção pura", e a sobrecarga diminuiu desde então.

"Atenção pura" significa olhar alguma coisa sem acrescentar comentários, fantasias nem lembranças, do tipo: "Como vou fazer tudo isso?" ou "Quanto tempo vou perder no telefonema para o serviço de atendimento ao cliente?"

Ao retirar a atenção desses pensamentos, você guarda energia para o que tem de fazer, em vez de perder tempo "terrivelizando", como dizem alguns psicólogos, quando se referem ao uso exagerado de palavras como "terrível", para descrever alguma coisa. Assim, por exemplo, em vez de sofrer por antecipação, lamentando o tempo que vai perder no telefonema para um serviço de atendimento ao cliente, você concentra a energia no ato de pegar o telefone e fazer a ligação.

Talvez a experiência confirme a sua expectativa pessimista, mas com a prática de mindfulness você não sofre três vezes (antes, durante e depois, reclamando sem parar); sofre só uma vez.

Aqui estão duas técnicas simples que pratico para melhorar minha habilidade de prestar "atenção pura".

Um minuto de mindfulness. Ajuste um cronômetro para um minuto em contagem regressiva. Faça isso mais ou menos de hora em hora: quando a contagem começar, preste o máximo de atenção à sua respiração. (Você vai se surpreender com a rapidez da sua mente, ao viajar, mesmo em tão curto período de tempo.) Decorrido um minuto, volte aos seus afazeres. Esse exercício reduz o estresse e aumenta a sua eficiência.

+ mindfulness. Ponha um sinal de + no alto da sua lista de atividades do dia, para lembrar-se de não acrescentar histórias nem ideias negativas, quando tentar se concentrar no trabalho. Sempre que olhar o sinal de +, dirija a atenção para a tarefa do momento.

Práticas simples de mindfulness, como essas duas, "resgatam" você de um ciclo de lembranças, sentimentos e preocupações, de modo que possa voltar à tarefa relativamente simples que tem em mãos.

Uma colega muito ocupada passou três anos com vontade de fazer um dos meus cursos de mindfulness, sem encontrar tempo. Quando finalmente conseguiu participar de um workshop, precisou sair duas horas antes, para assistir a uma reunião de trabalho. Ainda assim, passou a aplicar o que tinha aprendido. Seus dias se tornaram mais calmos, menos estressantes, embora ela ainda fosse uma mulher muito ocupada. Esse é o valor da prática de mindfulness e da "atenção pura", em um ambiente agitado. A técnica pode ser útil para você também.

2. NÃO DEIXE QUE O AMANHÃ ESTRAGUE O HOJE

Ignorar o que acontece hoje enquanto você se aborrece com o amanhã: defeito universal do ser humano. Se você é daqueles cujas noites de domingo são dominadas por pensamentos sombrios acerca da manhã de segunda-feira sabe o que quero dizer. Mas não são apenas as noites de domingo; é a nossa tendência a deixar que um amanhã pouco auspicioso atinja e estrague o hoje. Felizmente a prática de mindfulness serve de antídoto.

Para a maioria das pessoas é muito fácil entrar em uma espécie de transe de pensamentos sobre o futuro, ao caminhar no parque ou na praia, ou relaxar em casa. Assim, elas retomam o trabalho cansadas, porque não estavam "presentes" nas atividades de lazer.

Aqui estão duas técnicas que você pode usar para transferir a mente e a atenção, do futuro para o presente.

Dedique atenção aos bons tempos. Toda noite e toda manhã reserve dois minutos para lembrar coisas boas que tenham acontecido durante o dia ou na véspera. Isso vai sintonizar você com o positivo. Todo fim de semana, todo dia, tem pelo menos alguns momentos agradáveis – a menos que você seja uma pessoa extraordinariamente sem sorte. Aprenda a reconhecer esses momentos. Não permita que passem em branco, enquanto toda a sua atenção vai para os aborrecimentos.

Não se deixe abater. Deixar-se abater seria um desperdício do curto tempo de que dispomos aqui na Terra. Se é domingo à noite, e você não gosta das manhãs de segunda-feira, vá ao cinema, caminhe com um amigo, deite-se no chão e brinque com as crianças. E toda vez que o trabalho lhe vier à mente, chame de volta a atenção para o que estiver fazendo no momento. Isso não se aplica apenas às noites de domingo, mas também a todos os dias que desperdiçamos pensando no futuro.

Imagine-se viajando em um vagão que passa por montanhas e vales maravilhosos. De repente, você adormece e sonha que está no trabalho. Só acorda no fim da viagem. Sente-se vítima de um logro? Lamenta ter perdido algumas horas da vida? Preferia não ter embarcado? A prática de mindfulness não deixa que você adormeça durante a viagem.

Para trazer a sua atenção de volta, repare:

- na sua respiração. É o recurso permanente para voltar ao aqui e agora.
- nos sons do ambiente – pássaros, carros, música, vozes ou passos, por exemplo.
- no contato dos seus pés com o chão, enquanto caminha.
- na conversação do momento.

Quanto mais você aproveita o presente, mais aproveita a vida. A vida não acontece no passado nem no futuro. Acontece agora.

Em um dos meus workshops, *uma mulher disse que praticar mindfulness era "fazer o tempo render". Segundo ela, a vida não mais passava como um sonho; era vivida ao máximo.*

3. UM DIA CONSCIENTE

Quando comecei a praticar mindfulness, frequentemente me esquecia de fazer os exercícios, em especial nos dias mais movimentados. E, como os dias movimentados se sucediam, levavam com eles a consciência plena – exatamente quando eu mais precisava dela. Talvez o mesmo tenha se passado com você.

Então, procurei meios de fazer da consciência plena parte da minha vida. Em essência, eu necessitava de oportunidades simples, de dia e de noite – o que é muito mais fácil do que parece. Você vai confirmar isso. Experimente.

Minha sugestão é que você divida o tempo em manhã, durante o dia e noite. Em seguida, crie exercícios de mindfulness que se adaptem a esses períodos de forma natural.

Veja estas abordagens.

Manhã – escolha uma ou duas opções:
* Antes de levantar-se da cama, tome consciência da sua respiração.
* Formalize a intenção de ser consciente.
* Transfira a atenção, dos seus pensamentos para a respiração ou o contato dos pés com o piso.
* Escove os dentes conscientemente.
* Repare nas luzes que se acendem a na água que começa a ferver.

Durante o dia – escolha uma ou duas opções:
* De vez em quando, faça uma pausa para tomar consciência da sua respiração e postura.
* Preste atenção ao ligar o computador e dar entrada nas senhas.
* No almoço, preste atenção ao que come.
* Faça duas vezes a respiração 7/11 (veja a página 27).

Noite – escolha uma ou duas opções:
* Ao chegar em casa, preste atenção ao ambiente.
* Caso trabalhe em casa, faça uma pausa de um minuto e tome consciência da sua respiração, ao dar por encerradas as tarefas do dia. Assim, a sua atenção voltará para a vida familiar.
* Quando for para a cama, dedique alguns momentos a tomar consciência da sua expiração.
* Se acordar durante a noite, passe o corpo em revista (veja a página 42), para voltar a dormir mais facilmente.

No meu caso, prefiro formular a intenção de ser consciente assim que me levanto da cama, e concentro a atenção quando chego à cozinha.

Durante o dia, faço questão de dar entrada nas senhas e almoçar conscientemente.

E à noite, se venho da rua, transfiro a atenção dos meus pensamentos para o que se passa na casa.

Esse método representou a liberdade para um homem que frequentou meu curso de mindfulness. Antes, ele havia tentado meditar durante meia hora por dia, sem resultado. Os filhos pequenos solicitavam sua atenção quando estava em casa, e ele não gostava de dizer "não". Assim, chegou ao curso considerando-se um fracasso em meditação. Meu conselho foi que abandonasse essa ideia e incluísse a prática de mindfulness naturalmente em seu dia, conforme acabo de recomendar. Foi o que ele fez. Por exemplo: passou a prestar atenção à conversa dos filhos à mesa do café da manhã. Não se passou muito tempo, e ele já desfrutava dos benefícios da prática de mindfulness.

4. RECUPERAÇÃO DOS RELACIONAMENTOS

Nem todo relacionamento rompido tem conserto, e algumas feridas nunca cicatrizam. No entanto, a prática de mindfulness pode ajudar a diminuir a dor e a desenvolver uma perspectiva mais objetiva, sem negar a realidade do que aconteceu.

Veja duas abordagens úteis.

Vire a página. Sempre que lhe vem à mente uma lembrança triste, você sente uma pontada de desgosto. Quando repete para si a história que deixou a tal lembrança, você amplia o desgosto. Em vez disso, reconheça o sofrimento e, ao mesmo tempo, retire-se da história. Um modo de fazer isso é concentrar-se na sua respiração ou nas atividades em volta. Se a lembrança insistir em voltar, use uma palavra como "visto", e siga adiante.

Adote o método Naikan, para equilibrar o relacionamento. Trata-se de uma técnica japonesa na qual você pensa na pessoa com quem se aborreceu – ou em alguém muito importante na sua vida – e faz três perguntas:

- **O que recebi desta pessoa?** Especifique a resposta. Digamos que a pessoa seja a sua mãe. Talvez ela tenha preparado você para a escola todas as manhãs, levado ao médico quando estava doente, preparado o seu jantar todas as noites e assim por diante. Especifique assim.

- **O que dei a esta pessoa?** Mais uma vez, especifique. Você se lembrou do aniversário dela? Ajudou a consertar um problema elétrico na casa? Levou em uma viagem de férias com a família?

- **Que dificuldades causei a esta pessoa?** Ela teve de abrir mão do trabalho quando você nasceu? Precisou acordar mais cedo do que gostaria, sete dias na semana, para cuidar de você quando criança?

Esse exercício ajuda a "equilibrar as contas". Talvez você guarde ressentimentos, mas a sua mãe fez muito por você, assim como você fez por ela. Não é o caso de considerá-la totalmente boa nem totalmente má. E, se criou dificuldades para ela, não se considere também uma pessoa inteiramente boa nem inteiramente má.

Emily tinha uma colega de trabalho que incluía no rol das melhores amigas. Quando a moça foi promovida, Emily se alegrou. A outra, no entanto, foi se afastando, e fechou o departamento no qual Emily atuava, deixando-a sem função. Emily sofreu durante meses, até que, depois de frequentar um dos meus workshops, resolveu tentar as abordagens que mencionei.

Decorrido algum tempo, Emily ainda estava magoada, mas já não repetia a história em sua mente. Então, ao fazer o exercício Naikan, percebeu que, antes do evento, ela e a colega tinham vivido uma genuína relação de troca. Aos poucos, Emily conseguiu deixar de remoer o sofrimento e recuperar o equilíbrio emocional. É verdade que nunca mais quis falar com a ex-colega, mas livrou-se do pensamento obsessivo no que havia acontecido. Emily resgatou a autonomia e a estabilidade.

5. DEZ OPORTUNIDADES

Por mais que você seja uma pessoa ocupada, sempre surgem breves intervalos no seu dia. Se aproveitar essas oportunidades para praticar mindfulness, vai reduzir os níveis de estresse e adquirir presença de espírito. Veja estas dez oportunidades.

1. **Sinal fechado, ponto de ônibus, estação de trem.** Sossegue. Guarde o telefone no bolso. Se o sinal fechou, concentre-se em respirar, apesar da tensão.

2. **Elevador.** Em vez de observar ansiosamente o "display", para descobrir em que andar está o elevador, concentre a atenção em sentir os pés em contato com o piso, por exemplo.

3. **Esperar no computador ou ao telefone.** Você não precisa se morder de frustração enquanto rodinhas giram na tela e o *timer* faz a contagem. Aproveite para tomar consciência da sua postura e relaxar os ombros.

4. **Cuidar de uma criança.** Em vez de pensar nos problemas do trabalho enquanto cuida das suas crianças, procure "estar com" elas nessas ocasiões. No futuro você vai ficar feliz, por ter aproveitado essas oportunidades de praticar mindfulness.

5. **Usar o forno de micro-ondas ou preparar um molho em fogo lento.** Você consegue observar uma preparação por dois minutos inteiros no micro-ondas ou um molho que precisa de três minutos para engrossar em fogo brando? Aproveite para fazer um exercício de mindfulness – sem correr o risco de deixar o molho queimar.

6. **Aguardar que esquente a água do chuveiro ou da torneira.** Aproveite essa oportunidade simples e concentre-se na mudança de temperatura da água.

7. **Ao fim da reunião.** Permaneça na posição por alguns instantes, tomando consciência da sua respiração, enquanto os outros se apressam em checar os telefones celulares. Então, reúna o seu material e verifique os e-mails, se houver necessidade.

8. **À espera do sinal verde.** Você é daqueles que se arriscam a atravessar a rua correndo, sem paciência de esperar que abra o sinal de pedestre? Se for esse o seu caso, aproveite para olhar em volta enquanto espera que se acenda a luz verde.

9. **Intervalo comercial.** Se você troca de canal durante os intervalos comerciais dos programas de televisão, concentre-se na sua respiração enquanto faz isso. Se não tem esse hábito, concentre-se na respiração ou na postura enquanto assiste aos comerciais ou espera que terminem.

10. **Na caminhada.** Ao caminhar pela sala, de um cômodo para outro, pelo corredor, nas compras, até o estacionamento ou ao subir escadas, aproveite para prestar atenção no seu modo de andar, reparando no contato dos pés com o piso.

Aproveite esses breves intervalos, e vai ser bem mais consciente, sem "perder" tempo.

Sentindo-se estressadíssima e sobrecarregada pelos encargos da criação de filhos e pelo trabalho fora de casa, uma mulher resolveu atender aos conselhos da melhor amiga e, meio a contragosto – uma vez que isso significava perder a hora do almoço –, foi me procurar. Segundo a amiga, ela poderia praticar mindfulness para reduzir o estresse. Durante uma hora e meia sugeri e fiz com ela alguns exercícios, além de enumerar oportunidades de praticar mindfulness (assim como nos parágrafos anteriores) e pedir que ela identificasse outras. Quando a mulher voltou, percebi imediatamente que estava menos estressada. Conforme era de sua natureza, tinha praticado mindfulness diligentemente. Os filhos, os colegas e a melhor amiga atestavam a mudança positiva.

6. O "MODO IRRITAÇÃO"

Sexta-feira à tarde. Você esperava saber o resultado da entrevista para líder de equipe. Ao fazer contato com o setor de recursos humanos, fica sabendo que o gerente antecipou o fim de semana e só volta na terça-feira. Você dá um soco na mesa e bate a porta ao sair. A caminho de casa cai em um congestionamento. De punhos cerrados, você reclama.

O seu "modo irritação" está ligado, embora reclamações e socos na mesa não façam o gerente de recursos humanos voltar um minuto sequer mais cedo. Nem desmanchem o congestionamento.

O "modo irritação" é um conceito da abordagem baseada em mindfulness chamada Terapia de Aceitação e Compromisso (Acceptance and Commitment Therapy – ACT). Imagine haver no seu cérebro uma tecla; quando ela está acionada, você luta contra a realidade, ainda que de nada adiante.

As pessoas, em sua maioria, vivem com a tecla acionada quase o tempo todo. Digamos que você tenha passado anos reclamando do(a) parceiro(a) ou dos filhos, sem resultado algum. A sua tecla provavelmente ficou presa no "modo irritação"; reclamar não faz diferença, mas você continua assim mesmo. Situação semelhante acontece, por exemplo, com quem reclama, toda segunda-feira às 5 horas, por ser acordado pelo caminhão de lixo.

Aqui estão duas abordagens que adoto para evitar uma luta inútil contra a realidade e guardar minha energia quando for possível fazer a diferença.

Desligar o "modo irritação" quando ele não servir de nada. Aprenda a identificar as situações em que não adianta brigar: você queria sol, mas está chovendo; o chefe teve uma ideia tola que você vai ter de implementar; os seus filhos adolescentes não arrumam a bagunça do quarto. Em todos esses casos, desligar o "modo irritação" é um meio de evitar uma inútil turbulência emocional.

Distinguir entre o modo "fazer" e o modo "ser". O modo "fazer" é realmente bom para problemas práticos – decidir se é melhor viajar de trem ou de avião, ou encontrar um modo de reduzir a conta da eletricidade, por exemplo. No entanto, existem questões que esse modo não resolve; descobrir como livrar-se da tristeza por uma perda recente é um ótimo exemplo. Nesse caso, há que deixar a tristeza seguir seu curso e desaparecer quando for o tempo, no que pode ser descrito como o modo "ser".

A vida – a cada dia – está cheia de questões sobre as quais se pode fazer alguma coisa. Então, lutar contra o que não pode ser mudado é desperdício de energia. Quem pratica mindfulness não desperdiça energia. Essas pessoas aprendem a desligar o modo irritação quando não há nada a fazer. Além disso, sabem quando usar o modo "fazer" e o modo "ser", tornando-se assim mais calmas e mais eficientes.

Margaret, uma moça muito organizada, havia dois anos brigava com a filha adolescente por causa da bagunça no quarto. A garota não dava ouvidos às reclamações da mãe, e o assunto causava discussões entre as duas. Depois de ouvir falar, em um dos meus workshops, *sobre o modo irritação, ela decidiu abandonar a batalha inútil contra a filha e ignorar a existência do quarto. A atmosfera entre mãe e filha logo melhorou, a garota foi amadurecendo e tornou-se uma organizada miniatura de Margaret.*

7. CHEGA DE REMOER IDEIAS

Remoer é seguir uma longa cadeia de pensamentos sobre uma pessoa ou situação que não lhe agradam. (Parece que só remoemos aspectos negativos.) Se você é uma pessoa "remoedora" – eu era, até descobrir a prática de mindfulness –, precisa de três informações: o hábito pode ser sedutor, em especial quando o praticante assume a posição de vítima; pode levar você aos poucos a um estado de melancolia ou angústia do qual é difícil sair; de nada adianta na vida real.

Eu me lembro de trabalhar com um homem que vivia reclamando da incompetência do governo, das organizações, do chefe e dos colegas. Ele era realmente bom no que fazia – um funcionário dedicado. No entanto, suas constantes reclamações o condenaram a viver uma raiva inútil. Outro conhecido alternava a dependência de álcool e períodos de abstinência. Quando sóbrio, porém, ficava horas e horas remoendo pensamentos acerca do que tinha perdido por causa da bebida. Isso inevitavelmente o fazia voltar ao álcool, com resultados desastrosos.

Se você tem o hábito de remoer pensamentos, aqui estão duas técnicas que achei proveitosas e costumo usar:

Adote uma expressão – "seguindo adiante", por exemplo – para retomar o contato com a realidade. Suponha que você se pegue pensando em um erro que cometeu anos atrás. Diga em silêncio "seguindo adiante" e volte a prestar atenção na sua respiração, na postura ou no que estiver fazendo no momento. Não tente resolver o problema que tomou os seus pensamentos; o objetivo é não pensar. Eu gosto de "seguindo adiante", mas, se você preferir outra expressão, tudo bem.

Repare no seu estado de espírito. Vamos estabelecer rapidamente a diferença entre o seu estado de espírito e o conteúdo da sua mente. Quando você sente raiva, o seu estado de espírito é "zangado". Mas, se a raiva se deve a um comentário maldoso do ex-parceiro – ou parceira –, pode-se dizer que a sua mente "contém" o comentário. Veja esta analogia com fatos rotineiros: se a água na panela está fervendo, esse é o estado da água; se um ovo está sendo cozido na panela, esse é o conteúdo da água. Você costuma remoer pensamentos? Então, um bom antídoto é reconhecer o seu estado de espírito – "remoendo", por exemplo. Essa estratégia simples tem efeito rápido.

Uma moça que havia abandonado o hábito de remoer pensamentos me relatou a impressão de que o mundo se abrira para ela. De repente, enxergava pessoas e lugares até então ocultos por um véu de pensamentos. Ela nada perdeu, com a mudança; ao contrário, ganhou a emoção de participar de um mundo real e, às vezes, belo.

8. A PAUSA SALVADORA

"Se ao menos eu tivesse ficado de boca fechada..." Você já disse isso? Eu também. Uma impensada resposta irônica para o parceiro ou colega de trabalho pode exigir muito esforço de reparação. No extremo oposto ficam: a concordância precipitada em aceitar uma tarefa que caberia a outro; e aquele "sim" quase mecânico, em resposta ao garçom que pergunta se está tudo bem, quando na verdade não está nada bem.

Uma pausa consciente pode fazer grande diferença nessas e em muitas outras situações. Durante a pausa, você tem a oportunidade de pensar: "Preciso dizer isto" ou "Melhor não dizer isto". Além do mais, se você esperar um ou dois segundos antes de responder, esse hábito pode se transferir para as tomadas de decisões em geral.

Com a pausa consciente, você ganha um ou dois segundos para ver se existe alternativa e escolher a melhor opção. Em um dos meus *workshops*, uma participante disse que um segundo ou dois é pouco. Minha resposta foi: "Pense em quantas vezes você agiu sem um segundo de pausa e, se pudesse, voltaria atrás para fazer diferente." Ela não precisou pensar muito para concordar.

E como cultivar a habilidade de fazer uma pausa? Experimente estas duas técnicas:

Em situação que não envolva forte carga emocional, inspire ou expire uma vez, antes de responder. Quanto mais você praticar, mais provável que faça uma pausa consciente em situações com forte carga emocional. E uma inspiração ou expiração no meio de uma conversa correspondem a uma pausa curta e discreta; ninguém precisa saber da sua estratégia. Não deixe para usar a pausa no meio de uma discussão inflamada; isso seria o mesmo que deixar para aprender a dirigir poucas horas antes do exame de motorista.

Olhe duas vezes os objetos que fazem parte do seu dia a dia. Em geral, damos uma olhada rápida para esses objetos e seguimos adiante. Olhar duas vezes significa fazer uma pausa. Cria-se assim o hábito de parar no meio de situações diárias, o que – espera-se – abre um tempo para fazer escolhas melhores ou mesmo perceber que não vale a pena aceitar determinada tarefa.

John assumia imediatamente uma posição defensiva sempre que alguém da família dizia alguma coisa que lhe soava como crítica. Depois que começou a praticar mindfulness, aos poucos percebeu que nem tudo que lhe provocava uma atitude de defesa era, de fato, crítica. Aprendeu que, às vezes, interpretava erradamente um tom de voz ou uma simples observação. Com uma pausa para respirar antes de responder, ele deixou de reagir a ataques inexistentes, melhorando assim seus relacionamentos.

9. EM CÍRCULOS

Todos estamos sujeitos a reações que nos fazem andar em círculos. A prática de mindfulness pode evitar isso. Eis a sequência: um acontecimento desperta lembranças, sentimentos, ideias, fantasias e mesmo sensações físicas; reagimos a isso, ainda que pouco tenha a ver com o momento atual. Com a prática de mindfulness – a consciência plena –, conseguimos perceber quando isso acontece e escapar; sem mindfulness, corremos o risco de reagir quase como que em transe.

Imagine uma caminhada no parque, em uma bela manhã. Tudo vai muito bem até você ver, a certa distância, um ex-amigo cujo mau comportamento destruiu a amizade. O que é provável que lhe venha à mente? Lembranças da atitude do ex-amigo e pensamentos sobre a pessoa desprezível que ele é, tudo acompanhado de tensão física e aumento da frequência cardíaca. Você se deixa envolver por um velho e desgastado círculo composto inteiramente de antigas reações. Acontece que hoje o ex-amigo não lhe fez nada de mau, e nem sabe da sua presença no parque. Que desperdício de energia e de uma bela manhã!

Como parar de agir em círculos? Experimente estas duas técnicas:

Interrompa a reação. Quando se pegar reagindo instintivamente, pare, tome consciência da sua respiração e interrompa a conversa interior que se passa na sua cabeça (essa conversa normalmente integra a reação). Se a prática de mindfulness fizer parte da sua rotina diária, você vai achar isso mais fácil.

Durante a pausa, pense que você provavelmente tem mais de uma opção, e uma delas é não fazer nada. Um dos benefícios da prática de mindfulness é abrir um espaço para consideração das escolhas. Além disso, permite perceber que, às vezes, é preferível não agir.

Amanda me contou de uma sexta-feira à noite, quando foi a seu restaurante favorito com o marido, Joe. Iam fazer o pedido, quando a chefe de Amanda entrou. Ela imediatamente lembrou em detalhes o desentendimento que tivera com a chefe horas antes – o mais recente de uma série.

Que audácia! Amanda ficou realmente aborrecida ao ver a outra no restaurante onde pretendia relaxar, e pediu a Joe que fossem para outro lugar. Lá, passou o tempo todo comentando – mais uma vez – os defeitos da chefe.

Mais tarde, Amanda reconheceu que estava andando em círculos e que isso servira apenas para estragar a noite do casal.

Algum tempo depois de Amanda começar a praticar mindfulness, a situação se repetiu. Desta vez, porém, ela recuou, tomando consciência de sua respiração, e considerou as opções. Afinal resolveu ficar e jantar, enquanto conversava com Joe sobre assuntos de interesse mútuo. A presença da chefe não lhe era agradável, mas Amanda teve uma noite melhor do que se tivesse reagido sem considerar as alternativas.

10. DEZ MANEIRAS DE RETOMAR O FOCO

A prática de mindfulness envolve trazer de volta a atenção para as atividades da vida diária, sem julgamento ou comentário, pelo menos por alguns momentos. Para retomar o foco sem interromper as atividades, experimente estas dez ideias:

1. **Por alguns minutos, ao menos, entre em sintonia com os sons e atividades do ambiente, sem julgar.** Por exemplo: faça uma pausa e repare em vozes, passos, um rádio ao longe, o som de carros passando.

2. **Escolha uma cor e decida reparar nela sempre que aparecer, durante as atividades do dia.** Você vai começar a perceber objetos e pessoas que, não fosse este exercício, passariam despercebidas.

3. **De vez em quando, verifique se precisa endireitar ou relaxar um pouco as costas.** Muita gente parece desmanchar-se, quando à mesa ou no sofá. Por isso, tomar consciência da posição das costas é um bom exercício.

4. **Faça uma contagem regressiva, de 60 a 1, enquanto observa o ponteiro dos segundos dar uma volta completa.** Se você não possui um relógio com ponteiro de segundos, pode instalar na tela do computador um relógio virtual com esse recurso (há vários disponíveis, e são grátis). Enquanto espera o ponteiro dos segundos dar a volta, conte até zero e dirija novamente a atenção para o que estiver fazendo.

5. **Em vez de verificar os e-mails, verifique a sua respiração.** Uma das distrações que mais frequentemente nos roubam do contato conosco e com a realidade é a checagem incessante de Twitter, Facebook, e-mails e outros meios de comunicação. Procure fazer isso em horários estabelecidos, em vez de distrair-

se obsessivamente. Caso sinta falta dessa checagem, tome consciência da sua respiração.

6. **Preste atenção ao contato de uma parte do seu corpo com alguma superfície.** Pode ser: cadeira, mesa, teclado, telefone, corrimão, chão, roupa de cama etc. A prática de mindfulness em situações do dia a dia como essas não demanda tempo, e reduz os níveis de estresse e irritação.

7. **Observe a energia das outras pessoas.** Quando observa as outras pessoas, você geralmente percebe se estão desanimadas, nervosas, irritadas, tensas, alegres e assim por diante. Na prática tradicional de mindfulness, a atenção ao outro é considerada um modo de retirar o foco excessivo no próprio indivíduo.

8. **Lembre-se de onde está.** O ato de lembrar-se de estar no escritório, na rua, no trem etc. tira você do transe no qual muita gente parece mergulhada.

9. **Escolha um dos sentidos (tato, paladar, olfato, visão, audição) e tome consciência do que ele lhe traz.** Talvez seja melhor escolher um sentido ao qual dê menos atenção. Por exemplo: você pode descobrir odores diferentes no supermercado, na loja de departamentos ou na rua.

10. **Beba água conscientemente.** Em vez de deixar a água descer de qualquer jeito pela garganta, beba atentamente, reparando no gosto e nas sensações.

Recursos

PARA SABER MAIS

NA WEB

Padraig O'Morain: www.padraigomorain.com. Meu site contém muitos recursos gratuitos, inclusive áudios, artigos e páginas onde podem ser feitas inscrições para receber gratuitamente publicações e lembretes diários de mindfulness. (Site em inglês.)

APLICATIVOS PARA SMARTPHONES

Pelos primeiros 2.495 mil anos, mais ou menos, da prática de mindfulness os smartphones ainda não existiam. Hoje, porém, existem bons aplicativos para smartphones e tablets, se você quiser a ajuda da tecnologia. Estes são os três mais populares, para iPhone e Android:

Insight Timer. Conforme o nome sugere, este aplicativo gratuito foi projetado para cronometrar as suas meditações na prática de mindfulness. O recurso mostra quantas pessoas o estão utilizando e onde, além de oferecer fóruns de discussão e meditação orientada.

The Mindfulness App. Aplicativo muito popular e de baixo custo. Pode ser usado para meditação orientada ou em silêncio. É possível também criar períodos de prática de mindfulness a partir de um minuto.

Headspace. O aplicativo de Andy Puddicombe é bonito e popular.

O pagamento dá direito a todos os recursos e oferece dez de meditação gratuita.

VAMOS MANTER CONTATO

Se, depois de ler este livro e experimentar as práticas de mindfulness aqui descritas, você quiser conhecer melhor o assunto, veja algumas sugestões:

- **Publicação quinzenal.** Os milhares de assinantes dessa publicação gratuita recebem por e-mail ideias, citações, links para recursos e informações sobre os meus cursos. Faça a sua inscrição em www.padraigomorain.com.

- **The Daily Bell.** Este serviço envia toda manhã, por e-mail, uma citação ou ideia. É gratuito, e a inscrição pode ser feita em www.padraigomorain.com.

- **Cursos.** Meus cursos de um ou três dias costumam acontecer na República da Irlanda e na Irlanda do Norte. Cursos na Grã-Bretanha e em outros países serão anunciados por meio de boletins ou em www.padraigomorain.com.

- **Twitter.** Siga-me no Twitter, para conhecer ideias, citações e links. Meu endereço no Twitter é @PadraigoOMorain.

- **Facebook.** Minha página no facebook é www.facebook.com/PadraigOMorainMindfulness.

- **Blog.** Meu blog é www.lightmindblog.blogspot.com.

- **Site.** (O melhor lugar para fazer o primeiro contato comigo.) www.padraigomorain.com

- **E-mail:** pomorain@gmx.com

UMA ÚLTIMA PALAVRA...

O YouTube mostra-se um excelente recurso para quem se interessar por mindfulness. Procure vídeos de Mark Williams (Oxford University), Vidyamala Burch (breathworks), Jon Kabat-Zinn (provavelmente a figura mais importante da moderna prática de mindfulness), Ruby Wax e muitos outros.

AGRADECIMENTOS

Quero agradecer a influência sobre minha prática de mindfulness e sobre vários aspectos deste livro, exercida por Jon Kabat-Zinn, Mark Williams, Nyanaponika Thera, David K Reynolds, Gregg Krech e Linda Anderson Krech. Agradeço a Susan Feldstein, da Feldstein Agency, e a Liz Gough, que supervisionou o projeto com entusiasmo e dinamismo, para Yellow Kite. Finalmente, meus agradecimentos a Marcella Finnerty, que me disse, quando eu me preparava para começar a escrever, que, se o livro fosse voltado para pessoas muito ocupadas, ela e seus amigos comprariam.